青春文庫

# 問題解決力のある人が、あきらめる前にやっていること。

ビジネスフレームワーク研究所［編］



青春出版社

# 問題解決の〝引き出し〟があれば、大事な一歩を確実に踏み出せる！

ビジネスをはじめ、人は対人関係から家族、将来のことなど、少なからず問題を抱えながら生きている。その問題と真正面からぶつかったかと思えば、あっさり観念してしまったり、逃げるのも一手という人もいる。

しかし、問題に対してその場しのぎで、単なる思いつきで対処しても問題の本質を根本から解決することはできない。

そこで本書では、問題解決力のある人が、あきらめる前にやっている「解決」に導くための思考の手順を紹介している。

問題解決のための〝引き出し〟がたくさんあれば、ここはアプローチを変えてみようとか、ここは一度立ち止まってみようなどと的確に判断できるし、解決に向けた大事な一歩を確実に踏み出すことができる。

「もう無理！」からスタートする抜け道の見つけ方や、悩みの9割を占めるともいわれる人間関係の問題解決のツールなど、めげない、へこたれない…問題解決に強い人の思考法を身につけることができるはずだ。

２０２４年７月

ビジネスフレームワーク研究所

問題解決力のある人が、あきらめる前にやっていること。■目次

## Step 1 問題を解決するのに必要な手順とは？……13

AIを活用するなら感情的な視点がカギになる　14
波及効果を考えるクセをつける　16
そもそも何が問題かわからない時の〝正しい考え方〟　17
問題解決力がある人が実践している3つの手順　19
考えることに限界を感じた時に、まず自分がすべきこと　22
「時系列思考」なら自分の「立ち位置」がきちんとわかる　24
「意思決定マトリクス」で、複数の選択肢から客観的に絞り込む　26
ピンチを乗り越える「リフレーミング」の思考法　28
致命的な事態を事前に断ち切る「ロジックツリー」とは？　30
「誰に」「何を」「どうやって」伝えるかを見誤ってはいけない　32
行き止まりを未然に回避する「視点置き換え法」　34

未来の視点で今を考える「タイムマシン法」の極意　36
不測の事態を想定して準備する「コンテクスト・マップ」　38
マクロからミクロへ…全体を把握して個別に検討する　40
トラブルの〝当たり〟をつける「仮説アプローチ」とは？　42
「40の発明原則」で考える問題解決の黄金律　44
「欠点」と「希望点」から改善策を見出す方法　46
「before」「after」ではじめてわかる問題のカラクリ　48

Step 2 もう無理と言う前の「抜け道」の見つけ方……51

「ピンチの時こそ人は変われる」は本当か？　52
○か×か、で測らない「倫理」の視点が飛躍につながる　53
2つのスケジュールを線引きするとうまくいく　54
どうしても行動できない時の「ネガティブイメージ法」　56
「フリーランスイメージ法」で積極性がグングン増す　58
最適な改善策を見つけるための4つの思考プロセス　60

情報収集のカギを握るキーパーソンの見つけ方　62
自分の提案に足りないのは「熱意」か「データ」か　64
「数字に強い人」は確実に問題を解決している　66

## Step 3 誰も教えてくれない人間関係の問題を解決するコツ……69

ジェネレーションギャップは解消せずに利用する　70
〝上〟に相談しても助けてもらえない時のちょっとしたコツ　71
「ノー」と言われたらそこがスタート地点と考える　73
最後に結果を出す「根回し」、徒労に終わる「根回し」　75
「報・連・相」では上司の信頼が得られない理由　78
敵にスキを見せることで問題を解決する方法　80
きっちり自己主張しながら〝落としどころ〟を見つけるコツ　82
まずは、対象者の人物像を明らかにするのが攻略のルール　84
結局、「いい関係」をつくれるかどうかがカギになる　86
自問自答に「スマホの中の相棒」を使う　88

利害関係を整理すれば、道は必ず開ける　90
チームが機能していないのには理由がある①　92
チームが機能していないのには理由がある②　94
チームが機能していないのには理由がある③　96

## Step 4 「その先」を正しく読む戦略術……99

トラブルに遭った時の対応が自分の未来を変える　100
計画は2年で見直し、5年で疑い、10年で破棄する　101
重大なトラブルを未然に防ぐ基本の心得　103
個々の戦闘力を高めて、不利な条件を跳ね返す方法　106
問題点をそのままで終わらせないための反省の技術　108
待っているだけでは、偶然のチャンスに巡り合わない　110
どんな変化にも素早く対応できる「シナリオ・プランニング」　112
リスクの見積もりに失敗すると、問題は大きくなる　114
自分の優位な〝立ち位置〟を見つければ、ドツボにはまらない　116

Step 5 正しい解決法は、正しい「分析」にはじまる……119
AI分析には「魅力的なストーリー」をつけてこそ価値がある 120
グループに分けて考えるのが問題解決のためのポイント 121
根本の原因は「なぜなぜ分析」であぶり出す 123
図解にできないものは、どこかに「矛盾」がある証拠 126
キチンと結果を出す人は問題を分析するだけでは満足しない 128
あらゆる問題を検討した人の報告書には3つの「R」がある 130
自分の中のふつうの感覚を侮ってはいけない 132
最後のツメが甘い時は「フロー型図解」が武器になる！ 134
データの裏側に潜む、誰も気づいていない〝物語〟を探せ！ 136

Step 6 めげない、へこたれない…問題解決力のある人の思考法……139
AI時代の課題解決に必要なのは「経済」よりも「哲学」 140

1日の1パーセントの時間を自分の未来づくりに活かす　141
経営の神様のやり方を丸ごとマネてはいけない　144
「目標」はいくつかに分け、低めに設定する　146
「昔のやり方」+「新しいやり方」で考える力をつける　147
立ち向かう気力がない時の「1行伝言」のススメ　148
目標達成率1パーセントアップで底力が湧いてくる!　150
問題解決の糸口が見つかる行動の起こし方　152
勉強意欲がみるみる湧く「テーマすり替え法」　154
「継続は力なり」を証明する15カ月スケジュール術　156
「エピソード記憶」なら必要なことを一瞬で思い出せる　158
マンネリ化を避けるための「やってみたいことリスト」　160
仕事で1日が終わってしまう人の時間設定の手順　162
2つ以上の問題を同時にクリアするためのすごいコツ　164
決断するのにいい時間帯、ダメな時間帯の法則　166
「反復記憶法」なら覚えるための時間が逆に減らせる!　168
落ち込んだ気分を一瞬で切り替える「3つのスイッチ」　170

仕事の段取りを把握するのが問題解決の第一歩　172
「うまくいかない人」はゴールの設定を間違えている人　174
やるべきことを見失わないための「羅針盤」とは？　176
「五段階読書法」で本を「読む」から「使う」に変える　179
複雑な状況をシンプルな「○」「↓」図式で読み解く　181
なんでもあきらめる人がおさえたい正しいエネルギーの使い方　183
先送りグセをカンタンに矯正するフライングの技術　185
やらざるをえない状況に追い込む「3つの集中法」　187


## Step 7 その手があったか！ 最短で問題解決に導くひらめきの技術……189


「勝率が勝れば即、行動すべし」の根拠とは？　190
アイデアはカタチにしてこそ日の目を見る　192
人間が課題を発見し、AIが解決法を探す「ひとりブレスト」　194
問題解決できる人は、他人が見ていないところで「足」を使う　195
企画を立てる人にとって、トレンドが落とし穴になる理由　198

「類比」と「類推」で、思いもよらない新アイデアにたどり着く　200
視点を切り替えて発想する「SCAMPER」とは？　202
あえて極論から攻めて発想の枠を打ち破る方法　204
ぼんやりしたアイデアを形にできない時の裏ワザ　206
アイデアを上手に仕分ける時の「ペイオフマトリクス」　208
広範囲にアイデアを集める「ブレーンライティング」　210
接近、類似、対照、因果…連想の4法則とは？　212
常識の壁を破る「スキーマ発想法」とは？　214
自由にいろいろな意見を出し合いながら解決に導く方法　216

カバーイラスト▼AdobeStock
図版作成▼ハッシィ
制作▼新井イッセー事務所
DTP▼フジマックオフィス

# Step 1

# 問題を解決するのに必要な手順とは？

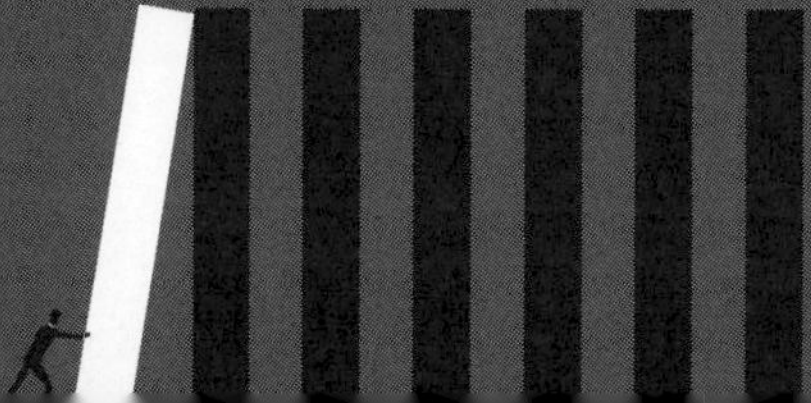

## AIを活用するなら感情的な視点がカギになる

アンドロイドが人間を守るために自ら溶鉱炉の中に沈んでいく――。

これは、有名な映画のラストシーンだ。SF映画のなかでは、アンドロイドが人間と心を通わせ、時にはプログラムされていない行動で人間を助けたりもする。

しかし、現段階ではAIが人間の感情を理解することはできないし、感情も持っていない。

感情を理解して反応するという触れ込みのAIであっても、悲しみや喜びを表している表情や言葉、声色などの膨大なデータをプログラムされていて、それに照らし合わせて反応しているだけでAIに感情そのものがあるわけではない。

この点がAI活用のキーポイントになる。AIが出した解決方法には、「感情」という視点はない。一見そう見えたとしても、過去の状況を分析して、ありえそうなパターンを提示しているに過ぎない。

現在進行形の問題を解決する時に、感情的な視点を足すのは人間の仕事だ。そして、感情的な視点を足すことが何よりも結果を左右するといっても過言ではないだろう。

どんなに効率のいい作業であっても、反感を買ってしまえば裏目に出る。かえって混乱することもあるだろう。

逆に、実現がむずかしいように思えても、熱意や好意が奇跡的な結果を生むこともあるのだ。

社会学者たちの間では、急激に進む社会のＡＩ化に対して、揺り戻しが来るという説を唱える人もいる。アナログ的な手法が好まれたり、効率ではなく、感情を重視する時期が来るというものだ。

実際にそうなるかはさておいて、ＡＩが社会のなかで大きな役割を果たしていくのはすでに動かしがたい事実だろう。

その社会で、いかに人間らしい問題解決法を探るかは、人間の持つ「感情」抜きにしては語れないのである。

# 波及効果を考えるクセをつける

オリンピックなどのビッグイベントや、特定の商品がヒットして世の中が盛り上がると、専門家が「経済効果」を算出することがある。

これは「そのモノ自体」に対する直接的な経済的効果だけでなく、それによってもたらされる二次的、三次的な「波及効果」を独自の計算式で算出するものだ。

ビジネスをするうえで何かに取り組む時に、それ自体の成否しか見ないのは、じつにもったいないことである。「やる価値はある」「いや、それをやっても意味がない」と判断する時の材料に、そこから波及する影響にも頭を働かせてみてほしい。

たとえば、ひとつのプロジェクトを立ち上げる場合、結果として今回成功しなくても集めたデータやアイデア、そしてそれまで重ねてきた実績などが今後の大きな糧になることもある。

そこで、もし成否だけを予測して「やっぱり今回は見送ろう」となれば、その可能性すべてをなくすことになってしまう。

何かアイデアを出したら、それがもたらす波及効果をとことん考えるクセをつけてみよう。

今はSNSでバズっただけで、世の中が思いもよらぬ方向に転ぶ時代でもある。リアルな予測だけでなく、「こんなことが起こったら面白いかも」という、荒唐無稽な予測を願望も込めてリストアップしてみるといい。

ひろく〝網を張る〟ことで、自分が進むべき道を柔軟に考えることができる。身動きできなくなる事態を招かないためにも必要な思考の手順である。

## そもそも何が問題かわからない時の〝正しい考え方〟

どこの会社でも経営状況をよくするために日頃からさまざまな対策に取り組んでいる。しかし、それでも売上げが上がらない、新規契約数が減っている、生産効率が上がらないなどいろいろな問題は出てくるものだ。

そして、それらの問題を解決するためにキャンペーンを張ったり、コンサルタントにアドバイスをもらったりする。これで解決するのであればいいが、そうでない場合は問題の原因がもっとほかのところにあると考えたほうがいい。

病気を治すのにどこが悪いのかを突き止める必要があるように、問題解決に着手する時にも、原因がどこにあるかを突きとめなければならない。しかし、多くの場合は原因を見つけることをおろそかにして、対症療法でどうにかしようとする。何が根本原因なのかを見つけるのはそう簡単なことではないからだ。

では、どうすればそれを発見できるのか。まずは、単純に「原因でないこと」を取り除いてみればいい。たとえば、新規契約数が減っているというなら、契約が減っている原因になっていないものをリストアップしてみる。

「店舗は主要エリアを網羅しているから原因ではない」、「新製品の告知もすべての媒体で適切に行っているから問題ない」、「店舗前の通行量も減っていない」、「ライバル店が出現したわけでもない」というように、原因になっていないものを取り除いていけば、徐々に必要な情報だけが残されていく。

そうして突き止めた原因が「店舗スタッフの接客態度の悪さ」だったとしたら、

どんなにお金をかけて派手にキャンペーンを展開したとしても、たいして効果は上がらないし、コンサルタントにどれだけ〝数字〟を見せられても無意味なものになってしまう。

この場合なら、スタッフの教育に時間やお金を投資することで、最大の効果を見出すことができるということになるのだ。

原因を感覚や想像だけで解決しようとするのは、きちんとした診察もせずに手探りで手術をした挙句に健康な臓器まで傷つけてしまうことと同じだ。

根本的な原因を正確に把握することが結局、問題解決の近道なのである。

## 問題解決力がある人が実践している3つの手順

人生と同じで、仕事でも思い描いたとおりにならないことは多い。

一見、うまくいっているかのように見えた交渉が最終段階で決裂したり、新しい事業の準備が整ったと思ったら取引先が破綻したり、経営が安定してきたと思った矢先に思わぬ〝事故〟が起きたなどということは、経済小説の中でなくても現実に起きていることだ。

そんな時に将来の明暗を分けるのが、どのように対処したかということだ。感情的になるのはもちろんのこと、周囲の意見に耳を貸さず、自分なりのやり方をゴリ押しするのは最も危険なやり方だ。

それよりも、大きな問題が起こった時にはその渦中に立つのではなく、一歩引いたところから全体を俯瞰して問題を客観的に眺めることが大切だ。そうして、まず第一になぜ起きたのか、どこに原因があるのか、何が引き金になったのかを洗い出すのである。

そうして一つひとつ理詰めで考えていくと、本当の課題が見えてくる。すると、それ以外のことはたいして問題ではなかったり、代替案などで解決できることが見えてくるのだ。ただ、ここで注意したいのは、問題を複数ではなく、できる限りひとつに絞り切ることだ。

そして全体の状況が把握できたら、次に問題に関連している物事を分解してカテゴリーごとに分ける。こうすることで複雑に絡まった問題の要因を整理していくのだ。

最後は、それらの問題に対して解決策を考えていくのだが、解決策は可能な限りリストアップするといい。そのうえで最も効率がよく、効き目がある解決策を選択していくのである。

すると、必要な労力や時期、実現の可能性など、解決するにあたっての問題点が浮かび上がってくる。

この3点を押さえて問題解決に当たれば、新たな解決策を見出せるだけでなく、そのことによってさまざまな経験と信頼を得ることができるだろう。

ちなみに、トラブルが起きた時にどのように対処するかによって決まる自分の価値は社内での人事評価だけではない。速やかに、的確な問題解決ができるということは、自分の人生を自分でコントロールすることができるということだ。

まずは自分自身が抱えている問題をこの3カ条に当てはめて改善することから始めてみたい。

## 考えることに限界を感じた時に、まず自分がすべきこと

これは練りに練ったプランだと思って提出したのにあっさりと却下されてしまい、「もっとほかに何かないか?」とさらなるアイデアを求められるのはつらいものだ。

一度アイデアを形にしてしまうと、どうしてもその方向に引きずられてしまい、まったく新しい観点に立つのが難しくなってしまう。

それでも何か出ないかと考えているうちに追い詰められてしまい、結局、頭がフリーズ状態になって何も考えられなくなってしまったという人もいるのではないだろうか。そうならないためには、「そろそろ限界だ…」と感じ始めた時点でいったん考えるのをやめてしまうことだ。

すぐそこにデッドラインが迫っている仕事だと、考えることをいきなりストップするのは勇気がいることかもしれない。しかし、頭が働かなくなっているのに考え続けるのはそれこそ時間のムダというものだ。

それよりも一度スパッと考えるのをやめて、まったく別の関係のない作業をしてみるといい。領収書の整理やデスクの片づけ、資料を棚に戻したり、石鹸でキレイに手を洗ったり、コーヒーを淹れるなど何でもいい。

このように手を動かして作業をしていると、不思議なもので頭の中の思考回路が切り替わり、脳が新しい呼吸を始めるような感覚になる。そして、今まで必死になって考えていたことを客観的に見られるようになるのだ。

何か根本的なズレが生じているのに、それがわかっていなかったのかもしれないし、視野が狭まりすぎてすぐ身近にヒントがあったことに気づいていなかったのかもしれない。

自分では一生懸命に考えていたつもりでも、問題探しばかりに視線が向いていて、その答えを出そうとしていなかったということもある。

このことに気づくだけでも頭の切り替えはできたといっていい。そのうえで、もう一度冷静に取り組めば、目からうろこが落ちるように〝思考の迷宮〟から抜け出せるはずである。

## 「時系列思考」なら自分の「立ち位置」がきちんとわかる

仕事に取り組む際に、意外と見落としがちなのが「時系列」で考えるということである。

過去の失敗にこだわりすぎて新しい分野にチャレンジできなかったり、目先の仕事に振り回されてはつい大きな目標を見失ってしまうという人も少なくないはずだ。ようするに、この時系列で考える視点が欠けていると、過去や現在にばかりとらわれて「未来＝将来のビジョン」をうまく描けない状況に陥ることがある。これだと、与えられた仕事はこなせても、次のステップアップにつながるような進め方はできない。

そこで、まずは過去・現在・未来をバランスよく考えるようにしてみよう。

過去の失敗には必要以上にとらわれずに、反省材料として次につなげる。将来のビジョンをしっかりと思い描き、そこに向けて今どういうふうに仕事を進めたらい

## 時系列でバランスよく考える

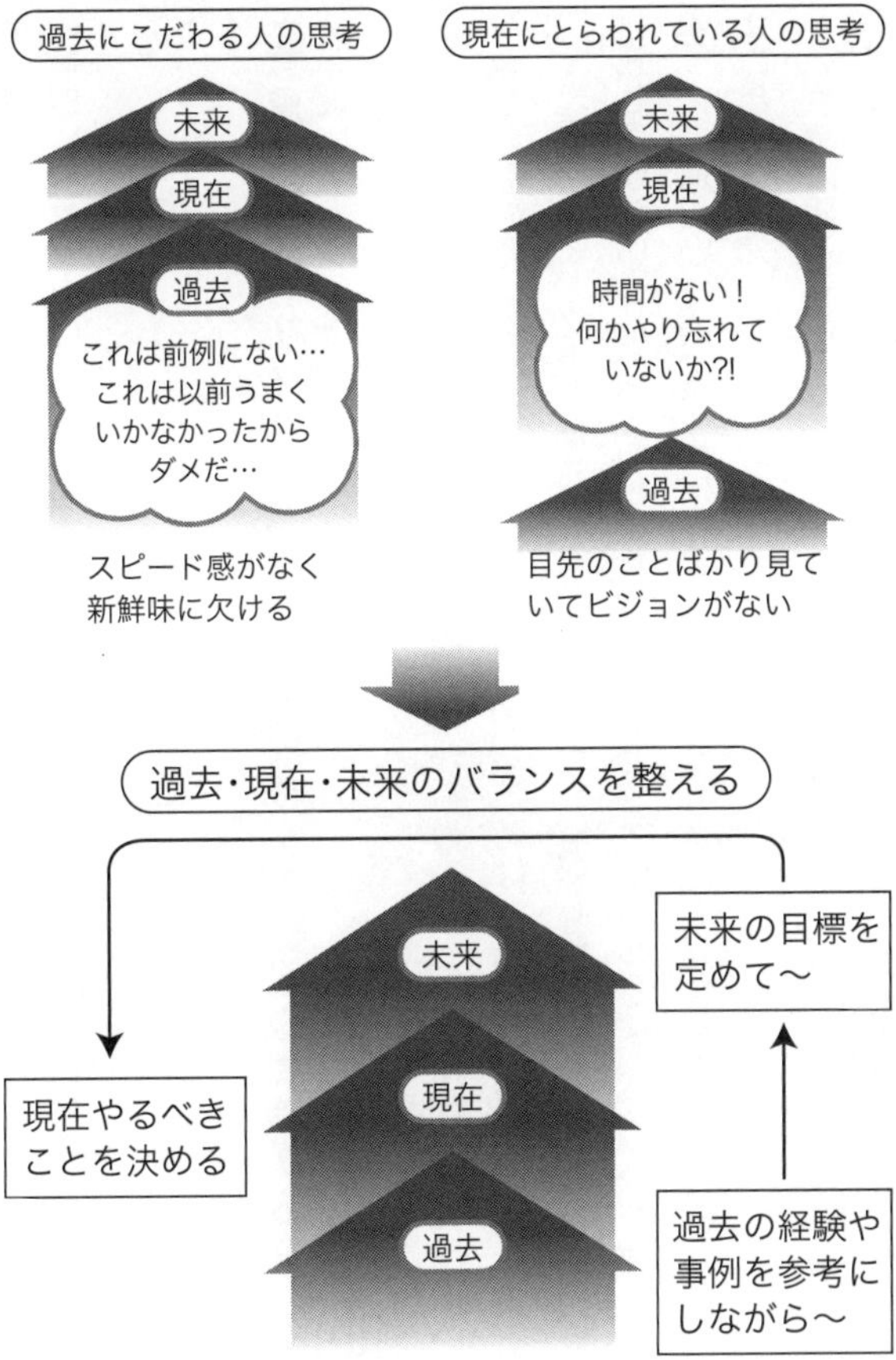
過去にこだわる人の思考
未来
現在
過去
これは前例にない…
これは以前うまく
いかなかったから
ダメだ…
スピード感がなく
新鮮味に欠ける
現在にとらわれている人の思考
未来
現在
時間がない！
何かやり忘れて
いないか?!
過去
目先のことばかり見て
いてビジョンがない
過去・現在・未来のバランスを整える
未来
現在
過去
未来の目標を
定めて〜
現在やるべき
ことを決める
過去の経験や
事例を参考に
しながら〜

いのかを考える。

この循環に意識を向ければ、過去や現在の仕事が将来の目標に着実につながるはずだ。

## 「意思決定マトリクス」で、複数の選択肢から客観的に絞り込む

問題解決にあたって、さまざまな選択肢の中から最適なものを選び出すのは思いのほか難しいものだ。とりわけ判断基準が複数ある時は、なかなか考えがまとまらない。「A案はインパクトがあるけど、実行するのは難しい」、「B案は現実的だけど、目新しさがない」など、あれこれ考え出すとワケがわからなくなってしまう。

そのうえ、何人かで議論する場合には、それぞれ意見も異なるのでよけいに判断に迷うことになる。

こういう時に使うと便利なのが、「意思決定マトリクス」だ。縦の軸に「選択肢」を置き、横の軸には評価したい「判断基準」を置く。この軸が交わるマスにそれぞ

## すべてのプランを同じものさしで測る

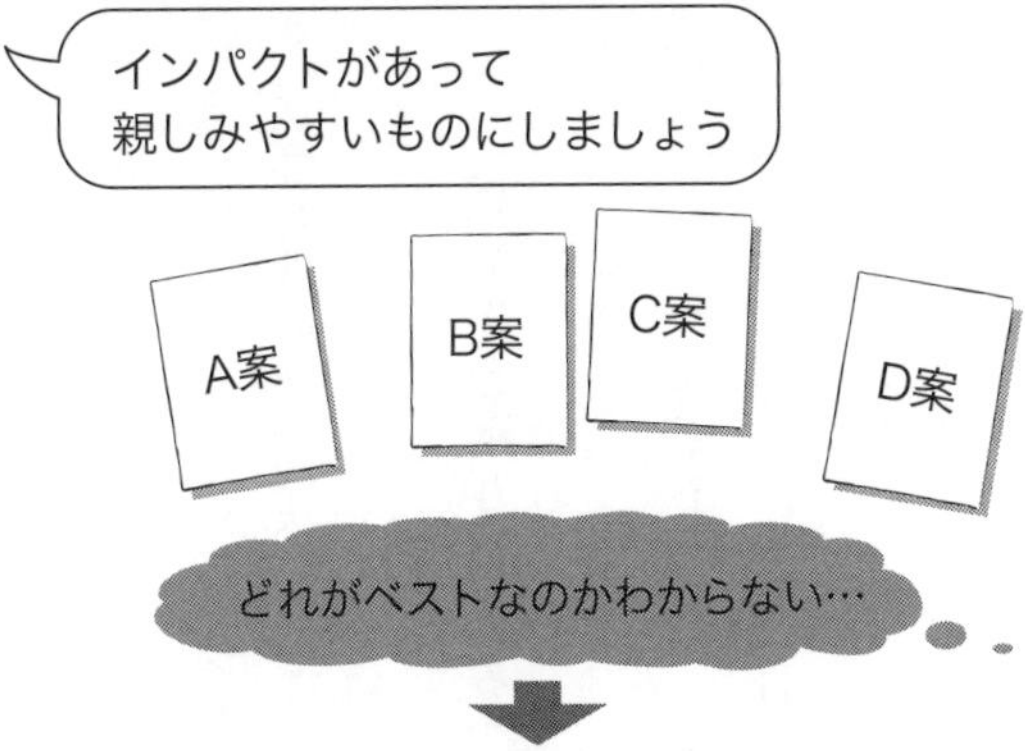


| | 新しさ ×1 | 親しみやすさ ×2 | インパクト ×2 | 実効性 ×1 | 合計 |
|---|---|---|---|---|---|
| A案 | 2 | 2 | 3 | 4 | 16 |
| B案 | 1 | 1 | 5 | 2 | 15 |
| C案 | 2 | 5 | 2 | 2 | 18 |
| D案 | 4 | 1 | 1 | 5 | 13 |

「C案が今回の趣旨に一番合っている」ことがわかる

れの評価点を書き込んでいき、合計点の一番高いものがその時点での最適な案ということになる。

この方法だと、全体を俯瞰することができ、客観的に優劣で選択肢を絞り込むことができる。いったい何を迷っているのか、何を優先すべきなのかも見えてくるので、きわめて合理的な意思決定ができるのだ。

## ピンチを乗り越える「リフレーミング」の思考法

ビジネスでもプライベートでも、トラブルを解決するために必要なのはプラス思考だ。とはいえ、嫌なことに対してはどうしてもマイナスの捉え方をしてしまうものだ。

そんな時に役に立つのが、物事の考え方のフレーム（枠組み）を変えて、捉え方を転換させる「リフレーミング」という思考法である。

目の前の事象は変わらなくても、モノの見方を変えることで受け止め方を変える

## 「見方を変えれば…」で突破口を開く

粘着力が弱いのり → 貼ってはがせるふせん

間口4メートル、奥行き2メートルの土地 → ワイドなショーケースが自慢の販売店

勝ち気で、カッとしやすい性格 → 向上心があって情熱的な性格

わけだ。

たとえば、長距離走で苦しい時に「まだ半分もある」と考えるのではなく、「もう半分も終わった」と考えれば、気持ちもずいぶん楽になる。「残っている道のり」というフレームを「終わった道のり」というフレームに転換するだけで、捉え方は反転するのだ。

トラブルに対処する場合は、まず「何が心配なのか」「困難な点は？」「疑問点は？」など、トラブルの中に含まれる要素をひとつずつ洗い出してみる。そして、それぞれの点についてリフレーミングするのだ。

心配は希望、困難はチャンス、疑問は可能性といった具合である。

そのなかで、実現性が高いことを徹底的に検討していくと、徐々に問題全体を前向きに考えられるようになっていくのだ。

たとえ、完全にプラス思考に転換できなくても、問題点をいろいろな角度から検討することで、現状を打破するポイントを見つけることができるはずである。

モノの見方を変えるだけで、同じ状況がプラスにもマイナスにもなる。最適なフレームが見つかれば突破口は見つかるのだ。

## 致命的な事態を事前に断ち切る「ロジックツリー」とは？

問題を解決したり物事を進めようとする時に限って、短絡的になって手近なやり方に飛びついてしまうことがある。すると、失敗する可能性も高くなる。

そんな多くの選択肢のなかで最善のものを選ぶために役に立つのが、「ロジックツリー」という思考の整理法である。ロジックツリーを使えば、考え方を効率的に

## 問題を深く突きつめて考える

### ◆Whyツリー（原因分析）

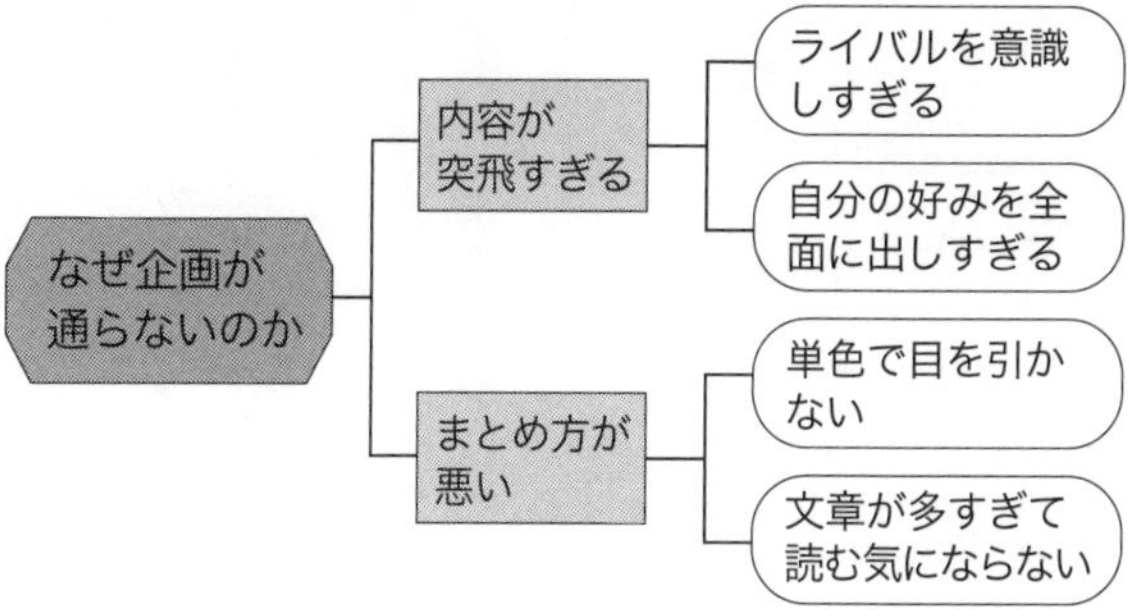


### ◆Howツリー（課題解決）

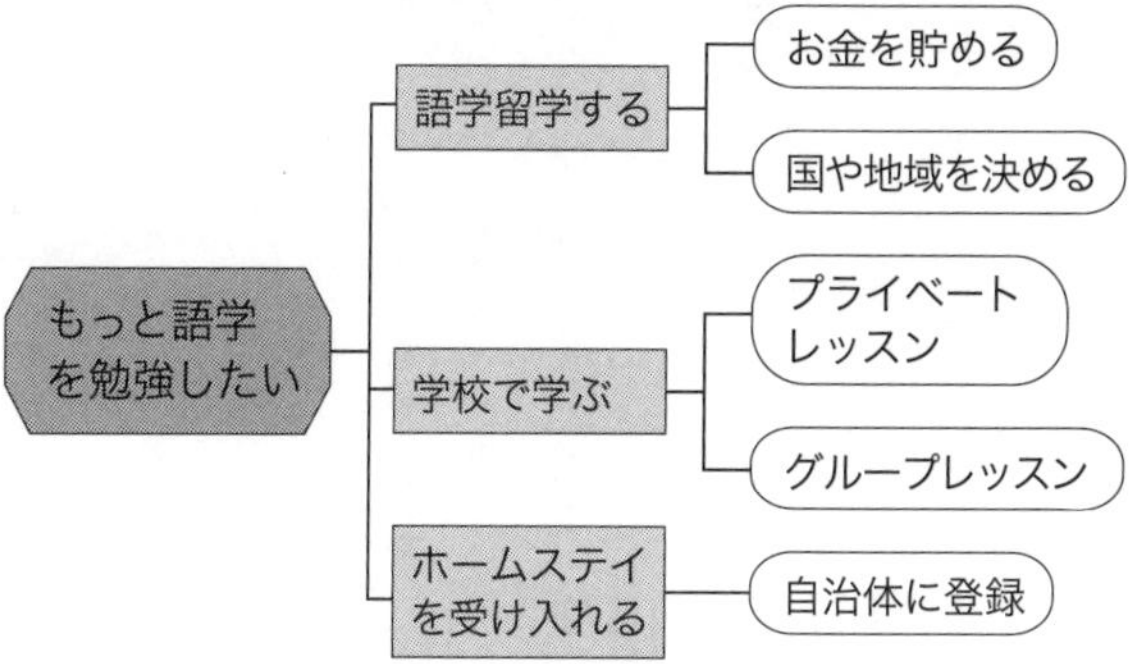

整理できるうえ、効果的な問題解決の手順を見つけたり、問題を深く掘り下げていくことができる。

具体的にどうするかというと、ツリーの階層を上がるたびに「なぜ?」「どのように?」という視点で考えることで、より論理的なやり方を追求していくのだ。

自分の頭の中で思考が整理されていれば、重要なことを要領よく相手に伝えることもできるし、見落としや伝え忘れもなくなる。また、思考のプロセスを視覚化できるので、作業工程を振り返ったり、再検討することも容易になる。

トラブルにもあわてずに対応できるので、致命的な事態を未然に防げるのである。

## 「誰に」「何を」「どうやって」伝えるかを見誤ってはいけない

自分の考えをいくら熱心に相手に働きかけたとしても必ずしもそれが相手に伝わるとは限らない。そんな時は、つい相手の理解力不足に原因を押しつけがちだが、たいていの場合は発信する側に問題がある。簡単にいえば「伝え方が悪い」のだ。

## ！ 効果的なアプローチのために下準備をする

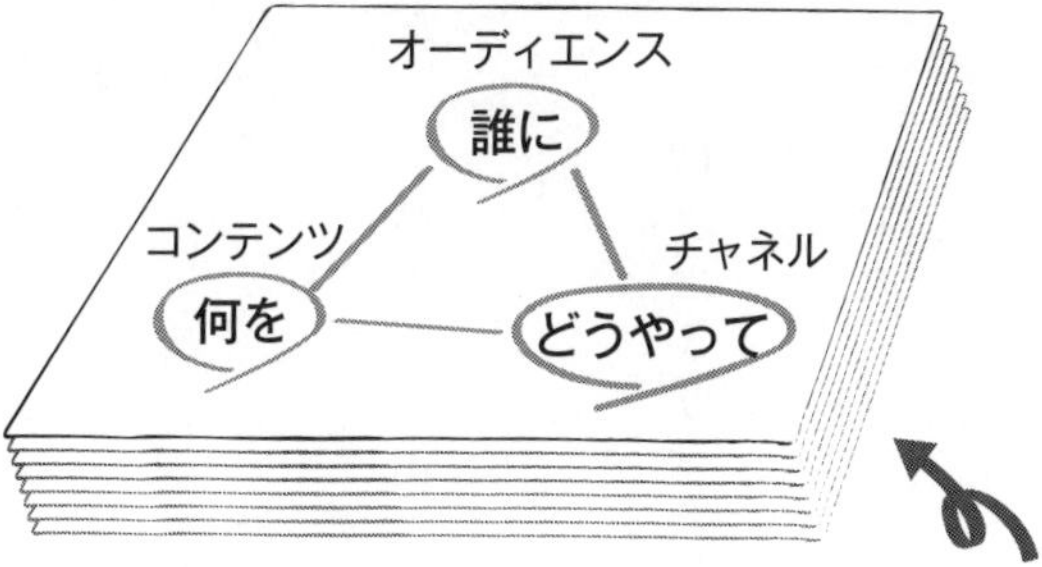


**あらゆる「3つの組み合わせ」をつくることによって、より多くのオーディエンスを動かすことができる**

このような事態に陥らないために、フレームワーク（思考の枠組み）を用いてみよう。

フレームワークの要素となるのは「誰に（オーディエンス）」「何を（コンテンツ）」「どうやって（チャネル）」の3つだ。しかも、この3要素をさまざまなパターンでいくつも組み合わせて考えておくと、相手により理解してもらえるのである。

たとえば、会社説明会を想定したとしよう。「誰に」は求職者となるが、そこでは新卒、中途、文系、理系など、さまざまなオーディエンスを設定する。

「何を」は沿革から給与体系までさまざまなエッセンスが考えられる。「誰が」「何を」知りたいかを的確に想定できるかが重要だ。そして、それを「どうやって」伝えるかがポイントになるが、これは情報の伝達経路を意味する。

全員に対していっせいに説明するのか、まずはグループに分けるのか、それとも動画あるいはパンフレットでの説明やアンケートを実施するといった、具体的なツールについても考える必要がある。これらを前もってきちんと準備してこそ、自分の伝えたいことがきちんと相手に伝わるのだ。特にプレゼンなど不特定多数とのコミュニケーションの構築には必須なのでぜひ押さえておきたいものである。

## 行き止まりを未然に回避する「視点置き換え法」

何をやっても自分の思い通りにならないことがある。そんな時は、まず相手の立場に立って物事を考えてみることだ。自分のことだけを考えず、相手の立場に自分を置き換えることで、それまで見えなかったものが見えてくる。

仕事上のトラブルの多くもまた、同じように立場の「置き換え」で切り抜けることができる。しかも、新たなヒントが見えてくる場合もある。

たとえば、自分は絶対にうまくいくと信じているやり方に対して上司がどうしても「イエス」と言わない。そんな時は上司の立場に自分を置き換えてみるのだ。

すると、ほかの社員の動きとの兼ね合いを見ている上司の視点に気づいたり、会社全体の今後の展開を予測していることに気づいたりする。それまでの部下としての自分にはなかったモノの見方を知ることで、自分の考え方を再調整するのである。そうすれば、上司に納得してもらえる新たな発想が生まれるはずだ。

あるいは、自分の出したアイデアが別の部署からあまり評価してもらえず、うまく協力が得られないことがある。そのような場合にも、その部署の立場になってあらためて見直してみるといい。

同じ仕事であっても部署が違えば、発想も異なる。たとえば、営業部では「うまくいく」ようなアイデアでも、マーケティング関連の部署からは「そう簡単にうまくいくはずはない」とダメ出しされたりする。おそらくそこには、「マーケティングのプロ」としての経験や考え、事実に基づく根拠があるはずだ。

立場を置き換えて、相手だったらどう行動するかをシミュレーションすることが重要だ。そうすることで新しい視点や発想の発見があるのである。

また、相手の置かれている立場を理解することにより、不要な衝突を避けることもできる。互いが率直な気持ちで向き合えば、建設的な意見も出し合えるだろう。

周囲との関係をマイナスにするのではなく、たとえ衝突してもそれをプラスに転じさせて、より大きな可能性を生み出せる能力を身につけたいものだ。

## 未来の視点で今を考える「タイムマシン法」の極意

どんなに頑張っていても、なかなか成果が出ないことは多い。だが、ムダな努力を続けても意味がないといってあきらめてしまう前に、「タイムマシン法」を試してほしい。

これは、未来の「なりたい自分」や「変革後の姿」を具体的に描いて、そこまでの工程を逆算して今やるべきことを洗い出していく方法だ。

## 未来の姿を計画する

＜4年後の姿＞

業界ナンバーワンブランドに成長

→

＜2年後の姿＞

高収益事業に成長

営業強化で一般の認知度をさらに高める

→

＜1年後の姿＞

赤字体質から脱却

試供品モニターによるデータ集めや販売ルートの確定

→

＜半年後の姿＞

経営のムダの洗い出し、切り離し完了

新プロジェクト始動

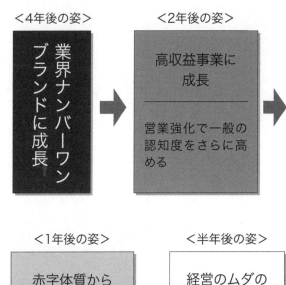

まず、紙とペンを用意して具体的に時間の枠組みの表をつくってみよう。目標を達成したい時期が4年後だとしたら2年後、1年後、半年後というように、現在に向かった枠を設定していく。それぞれの枠の中に、その時に達成していたい状況を書き込んでいくのだ。

ここで常に意識したいのは、ひとつの枠を実現するためには、その前の枠の時期には何を実現すべきか、ということだ。

未来から現在に近づいていくと、徐々に問題点も浮き彫りになってくる。すると、やるべきことが明確になり、努力する方向性も定まってくるだろう。

## 不測の事態を想定して準備する「コンテクスト・マップ」

どんな仕事もさまざまな外部環境とつながっている。たとえば土木建設業であれば、政府の方針やオリンピックなど国を挙げてのイベントなどに仕事量が左右されるし、各国の情勢や為替の変動などは資材の調達コストに影響する。

## 仕事を中心に外部環境をマッピングする

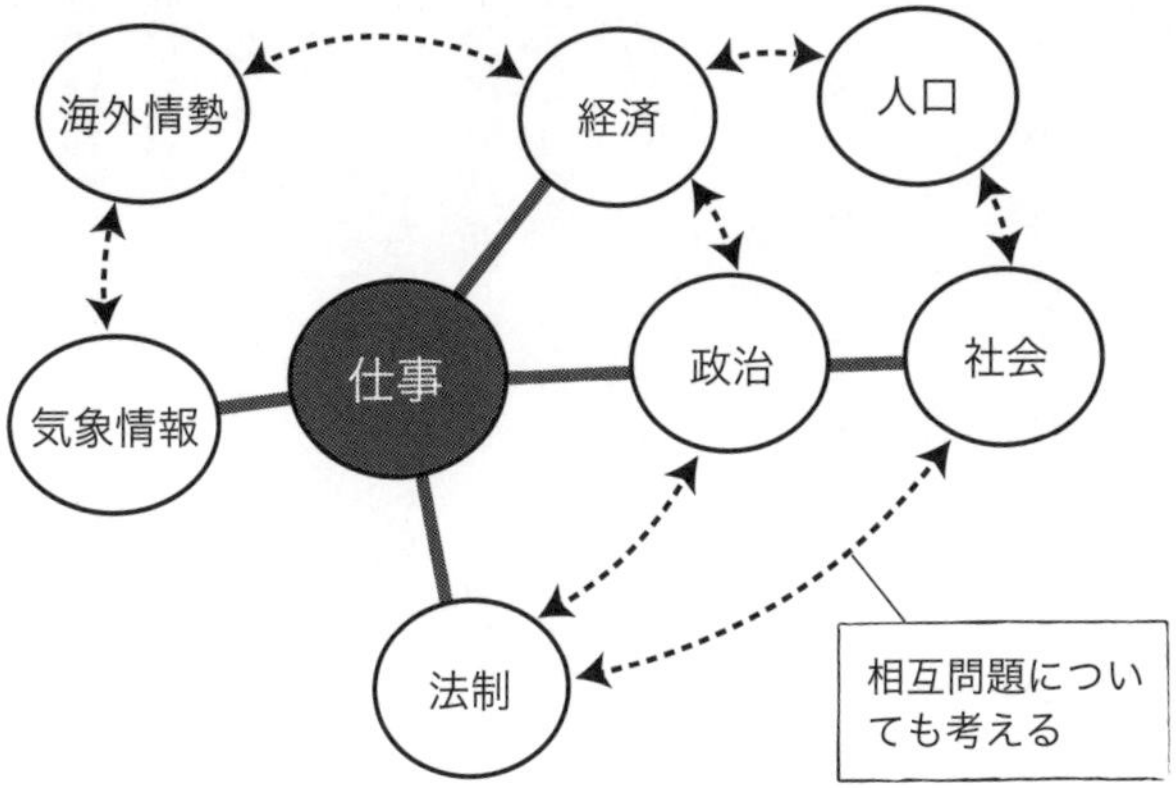


また、流通業や製造業なども海外情勢や為替などとつながっているだけでなく、世界の気象情報や生活事情などを知っておく必要がある。

しかも、ビジネスを取り巻く環境は目まぐるしく変化し、いったい何と何が、どんなふうにつながっているのか、頭の中が混乱することもしばしばだろう。

そこで重要になってくるのが、仕事を取り巻くさまざまなコンテクスト（文脈）を把握しておくことだ。

仕事の文脈を把握するというのは、仕事とその外部環境とのつながりを理解するということだ。たとえば歴史を事件だけでなく、前後関係も含めて知ろうとするのに似ている。

自分が携わっている仕事と外部要因を文脈でとらえ、不測の事態が起こる可能性を把握しておくことでリスクに対応する鋭い感覚を身につけることができるのだ。

そうして仕事に関連するあらゆる外部環境を洗い出したら、マッピングして情報をまとめてみたい。こうすることで、それぞれの要因がどのように相互に関連しているかについても分析することができるのだ。なかでも大切なのは、この文脈をメンバー全員で共通認識として共有することだ。

これによって、不測の事態が起きた時にもメンバーそれぞれが迅速に適切な対応ができるうえ、リスクを最小限に抑えることが可能なのだ。

## マクロからミクロへ…全体を把握して個別に検討する

よくマト外れな議論や作業をする人がいるが、このタイプは物事をマクロの視点で見られないことがある。そこで新しい仕事に取りかかる前や、議論を始める前に

## マト外れな議論を防ぐ

①まず森(マクロ)を俯瞰する

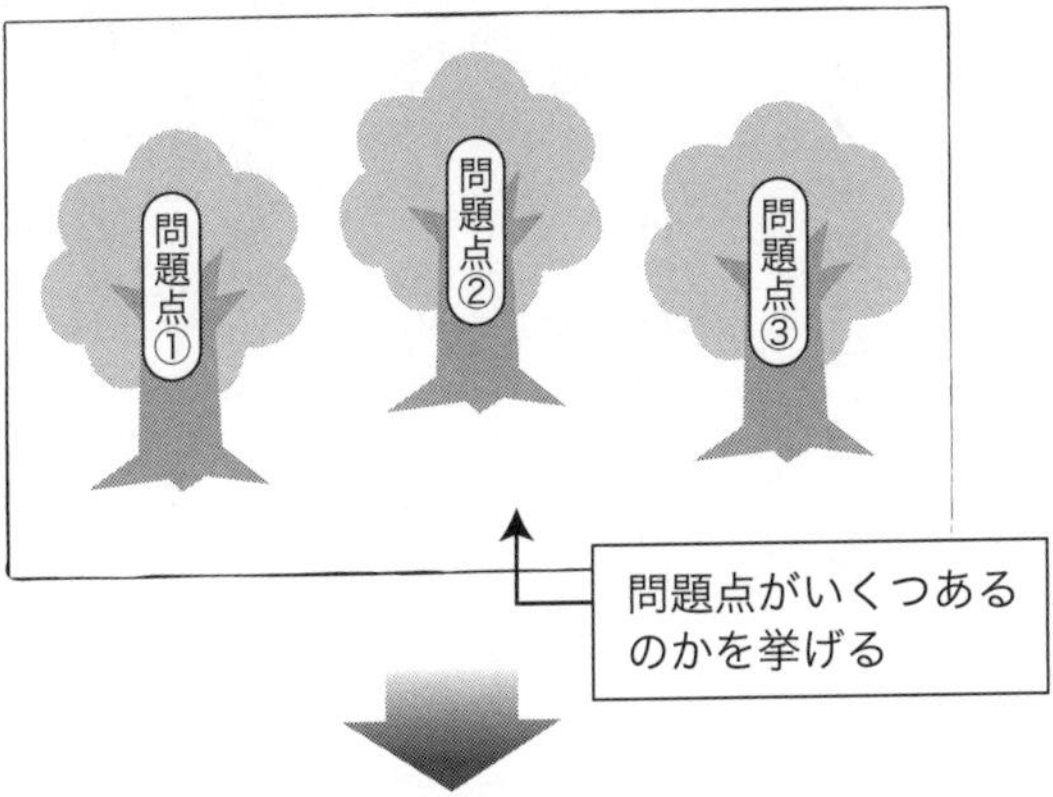
問題点①
問題点②
問題点③
問題点がいくつあるのかを挙げる

②次に木(ミクロ)について考える

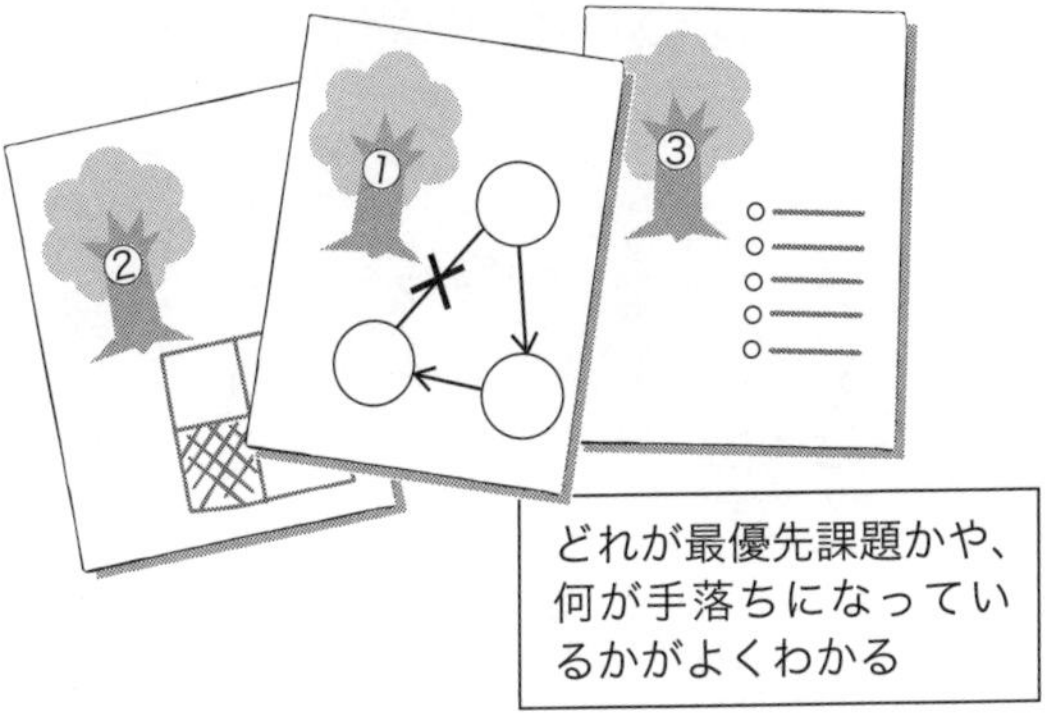
②
①
③
どれが最優先課題かや、何が手落ちになっているかがよくわかる

やっておくといいのが、マクロの視点で全体像を把握するということだ。

最初にマクロで物事を俯瞰し、どのような問題がどれだけあるのかを把握しておけば全体的な問題が見えてくる。そのあとでピックアップした個別の問題についてミクロの視点で検討していけば、どの問題が優先順位が高いかもわかってくるし、どの問題とどの問題がリンクしているかもわかっているから物事を進めやすいのである。

しかし、全体を把握せずに個別の問題にばかりとらわれていると、それほど重要でない問題に時間や手間を取られてしまうことになる。たとえば、Aの問題について多くの時間を割いて議論したのに、じつはBの問題のほうが重大で、Bの問題さえ解決すればAの問題は自然と解消する、というムダが生じることだってあるのだ。

## トラブルの〝当たり〟をつける「仮説アプローチ」とは？

ある課題を前にして「さあなんとかしろ」と言われたら、それはもはや雲をつかむような話でどこから手をつけていいかわからなくなることがある。

そんな時は、最初にいくつかの「仮説」を立てて、ひとつずつデータの裏づけをとっていくといい。

たとえば、自社のウェブサイトへのアクセス数が少ないという「課題」の解決を命じられたとしよう。

その時に、もし、いきなり数字と向き合おうとするなら、そのやり方では結果的に遠回りになる。ここで最初に行うべきは仮説を立てることである。

現状を客観的に眺めてみれば、いくつか思い当たるフシはあるはずだ。若い人にウケが悪いのかもしれないし、あるいはサービスがターゲットに合っていないのかもしれない…というように、アクセス数が伸びない理由が次々と挙げられるだろう。

まずは考えられる限りの「もしかしたら」を洗い出し、それらをリスト化してみる。そして、思いつく限りの仮説を立てたら次に行うのは「検証」である。

この検証に役立つのが、課題の中に潜んでいる数字だ。たとえば、どの時間帯ならアクセス数が増えるのか、逆にどんな時にアクセス数が落ち込むのか…などは、今あるデータで数字の傾向がつかめるはずだ。

もしも、昼間のアクセス数が多いのに夜が伸びないのであれば「若い人にはウケが悪い」という仮説もあながち見当外れではないことになる。

また、「アクセス数の割には利益が出ない」のであれば、「サービスの中身がターゲットに合っていない」という仮説も成り立つだろう。だが、最終的にどの仮説も数字で裏づけできなければ、さらなる「もしかしたら」を掘り起こして新たな仮説を立てる必要がある。こうして仮説を積み重ねていくのだ。

大きな課題の解決には、地道な積み重ねが最善策になる。そうして仮説の裏づけがきっちりとれて、問題点を浮かび上がらせた時点でその分析は成功したといえる。

## 「40の発明原則」で考える問題解決の黄金律

問題や壁にぶち当たるとただやみくもに取り組む人がいるが、そんな人に参考にしてほしいのが、「TRIZ（トゥリーズ）法」だ。旧ソヴィエト連邦海軍の特許審査官だったアルトシュラー氏が膨大な特許の分析をもとに発見した。

## 40の発明原則リストに課題を当てはめてみる

①分けたら？
②離したら？
③一部を変えたら？
④バランスを崩したら？
⑤組み合わせたら？
⑥ほかにも使えるようにしたら？
⑦入れ子にしたら？
⑧バランスをよくしたら？
⑨反動をつけたら？
⑩先に予測したら？
⑪大事なところを保護したら？
⑫同じ高さを利用したら？
⑬逆にしたら？
⑭回転させたら？
⑮環境に合わせて変えてみたら？
⑯大雑把にしたら？
⑰垂直方向を使ったら？
⑱振動を与えたら？
⑲繰り返したら？
⑳続けてみたら？

㉑高速にしたら？
㉒マイナス面をプラスにしたら？
㉓基準値に戻したら？
㉔仲介したら？
㉕自分でできるようにしたら？
㉖コピーしたら？
㉗安かろう悪かろうにしたら？
㉘別のシステムでやってみたら？
㉙流体にしてみたら？
㉚薄い膜を使ってみたら？
㉛スキマを利用したら？
㉜色を変えたら？
㉝品質を均一にしたら？
㉞排除もしくは再生したら？
㉟形や条件を変えたら？
㊱形状を変更したら？
㊲熱でふくらませてみたら？
㊳濃くしたら？
㊴反応しないものを入れてみたら？
㊵異質なものと合わせてみたら？

ＴＲＩＺ法では、発明のプロセスには一連のパターンがあるとして、それを「40の発明原則」にまとめている。

たとえば、今抱えている課題を一般的な問題として定義し直して、それから40の発明原則のどれかが、その課題に適用できないか考えてみるのだ。

課題を細かく分けてみたら、あるいは組み合わせてみたら、それとも大雑把にしてみては…などと当てはめながら検討していけばいい。

こうすることで、むやみに試行錯誤することなく、科学的な手順を踏んで問題を思考できるようになる。より効率的に解決への道筋を探ることができるだろう。

## 「欠点」と「希望点」から改善策を見出す方法

たとえば、自社のコールセンターの対応を見直そうとなった場合、いったいどのような方法で解決策を見出していくのが有効だろうか。そんな時に参考にしたいのが、アメリカのＧＥ社の子会社が考案した「欠点列挙法」と「希望点列挙法」であ

## より実践的なアイデアを出すためのブレスト

### 欠点列挙法

(1回目)…会社や事業の悪い面だけをピックアップする

(2回目)…悪い面を改善するためのアイデアを出す

### 希望点列挙法

(1回目)…会社や事業のいい面や理想だけをピックアップする

(2回目)…いい面をさらに高め、実現できるアイデアを出する。これは、改善したいテーマの欠点と理想を参加者でことごとく洗い出していくことから始める。

たとえば、欠点列挙法なら「電話がつながりにくい」「他の部署との連携がとれていない」など、徹底的に欠点を挙げていく。さらに、その中から重要な欠点を絞り込み、ブレーンストーミングでどうすれば改善できるかの具体的なアイデアを出し合っていくのである。

一方の希望点列挙法は、これとは反対の発想で、問題について「こうであればいい」という希望や理想を列挙していく。「迅速丁寧な対応」や「きめ細やかなサービス」などの理想を挙げてから、重要なポイントを絞り込み、具体的にどのように実現していけばいいかを話し合えばいいのである。

## 「before」「after」ではじめてわかる問題のカラクリ

問題解決のプランを提出する場合、どうすれば相手に訴えるものになるだろうか。

やり方はさまざまあるだろうが、自分のプランを実行する前と後の違いが一目瞭然になるようにする、というのは効果的なテクニックの一つだ。

どこがどう良くなるのか、Before/After とか、提案前／提案後といった図版は、多くの言葉で説明するよりも的確に事実を語ってくれるはずだ。

たとえば、現状を改善したいというテーマがあった場合、いきなり改善策を提出しても現状を理解していない読み手は戸惑ってしまう。そこで、現状がどうなっているのか、どこに問題点があるのかなどを Before の図版で示すのである。

それを明確にしたうえで、どんな改善をしていきたいのか、改善した結果がどう変わるのかといった具体的な内容を After の図で説明するわけだ。

時には Before/After という2つだけではなく、途中に何段階かのステップが入っているパターンもあるが、何がどのように変わるのかを示すという意図は変わらない。

# Step 2

# もう無理と言う前の「抜け道」の見つけ方

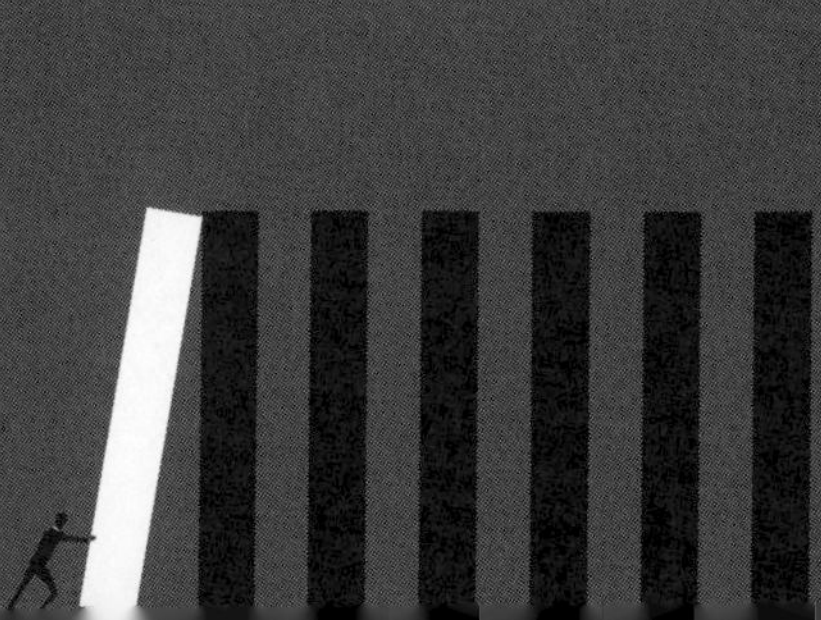

## 「ピンチの時こそ人は変われる」は本当か？

よく「ピンチはチャンス」だというが、本当に追い込まれている時はとてもそんなふうにポジティブには考えられない。目の前のことに精いっぱいで、物事を客観的に見る目を失っているからだ。

だが、「ピンチはチャンス」という考え方にはれっきとした理由がある。

たとえば、何らかの理由で事業がうまくいかなくなった時、人はいやでも問題に向きあわざるをえない。他に活路を見出せるのならそのまま投げ出すこともできるだろうが、多くの人はそこまでの余裕はないだろう。

人が最も頭をフル回転させるのは、窮地に立たされた時だ。どうすればこの状況を脱出できるのか、何を選択すれば物事がうまくいくのか、それこそ死ぬ気になって考えるからである。

その時に大事なのは、なぜ失敗したかの原因を、自分のなかでとことん突き詰めることだ。

同じ轍を踏めば同じ結果になりかねない。ピンチに陥った時にこそ、落ち着いて物事を俯瞰して見て、これまでとは違う道を探ることこそが重要なのである。

人は現状維持で生きているうちは変われないし、変わらない。ピンチの時こそ変われるチャンスなのだ。

## ○か×か、で測らない「倫理」の視点が飛躍につながる

社会に出て経験を積むほど、身の回りで起きる問題や課される課題は複雑になっていく。解決のための答えが、○か×かで明確に割り切れないことのほうが多くなるのだ。

もし答えが二択なら、ＡＩに問えば一瞬で回答が得られる。つまり、単純な問題を解決する時には、人間の判断力が必要のない時代になったといえるのかもしれない。

裏返せば、明確な答えが存在しない問題を解決することこそが、コンピューターにはできない人間ならではのスキルになる。

そこで重要なのが、「倫理」という視点から考えることだ。

倫理的な視点とは、メリットやデメリット、損得ではなく、社会全体の正義やモラルなどを尊重することだ。もちろん課題は多いし、成果が出ないこともあるだろう。反面、多くの人を尊重し、説得できる方法を選ぶことができる。

また、解決までの過程で相反する立場にある人同士が、互いに理解を深められる。その結果、より深く幅広い解決方法を選ぶことが可能になるのである。

## 2つのスケジュールを線引きするとうまくいく

もし、あなたが恋人に「忙しくて当分、会う時間がとれない」と言われたら、そのつきあいはちょっと考えなおしたほうがいいかもしれない。

というのも、時間とは放っておけば生まれるものではなく、自らつくるものだからだ。

もちろん、仕事がギチギチに入っていて身動きがとれないことは誰にでも経験がある。だが、自分では動かせないスケジュールがあったとしても、ちょっと工夫したり無理をしたりすることで生み出せる時間は必ず存在する。

つまり、「会う時間がとれない」ということは、そもそも「そのための時間をつくる気がない」と言っているようなものなのだ。

これが仕事だとしても、イレギュラーに発生するトラブルなどいくらでもある。そのたびに「時間がなくて」と言い訳するようではまったく信用されないだろう。優先順位をつけられないほど余裕のない人だと思われて終わりである。

時間のゆとりがなければ、突発的な問題に対処できるはずがない。そうならないためには、ふだんからフレキシブルなスケジューリングを心がけることだ。

コツは絶対に動かせないスケジュールと、どの時間でも対応できるものを自分のなかで線引きしてうまく組み合わせることである。

特にリモートやメールですませられることは、やりくりしやすい。スケジュールを効率化することは、仕事の効率化にも直結するのでメリットしかない。

# どうしても行動できない時の「ネガティブイメージ法」

長い人生、何の不安もなく一生を終える人などまずいない。それどころか、ビジネスマンの日常は大小の違いこそあれ、仕事がうまくいかなくてイライラしたり、トラブルやハプニングが起こったりして悩みのタネは尽きないものだ。

だが、こういう場合の対応が、そのまま社会人としての評価につながりやすいのも事実だ。スランプに陥った時でも、とりあえず行動に移せる人や、何かトラブルを抱えた時に速やかに対処ができる人と、悩んだり、ただおろおろするばかりで何も解決できない人とでは雲泥の差がある。

ここで勘違いしてはいけないのは、後者はけっして無能というわけではないということ。やっぱり自分は後者だと思っても落ち込む必要はないが、欠けている部分には気づくべきだろう。それは「行動力」だ。このままではいけないと頭の中では理解していてもどういうわけか積極的に行動できず、何事も後手にまわってしまうのである。

そんな人は、よくある手だが紙に書き出してみるといい。

ここでいったい何を書くのかというと、とにかく「やらなければどうなるのか？」を片っ端から書いていくのである。

「今月のノルマが達成できない」「始末書を書かされる」「減給になる」「バレないかもしれないが、次に○○さんに会ったら顔を合わせにくい」「左遷になるかもしれない」など、こうなったら困るということを、あらゆるケースを想定してどんどん文字に表してみるのだ。

そのうち、それが具体的なイメージとなって「最悪の事態は免れたい」という自衛本能が生まれてくる。それは、そのまま自発的な「行動力」へと転換されるのである。

行動力の足りない人に必要なのは、あと一歩を踏み出す力であり、ほんのちょっとだけ背中を押してくれる人だ。それを、ネガティブなイメージを列挙することでまかなおうというのである。

一見、後ろ向きなやり方とも思えるが、何もしないで手をこまねいているよりはよほどいい。考えていることを改めて文字にすることは、自分への〝気づき〟にもなるのでぜひおすすめしたい。

## 「フリーランスイメージ法」で積極性がグングン増す

自分は消極的すぎる、と悩んでいる人は少なくないだろう。

消極的だとどこにいても目立たないし、なかなか重要な仕事を任されるチャンスもめぐってこない。そのために存在感が薄くなり、ますます引っ込み思案に思われて、その結果さらに消極的になってしまうという悪循環に見舞われる。

何とかして積極性と行動力を身につけたいと考えているのであれば、「自営業」あるいは「フリーランス」の考え方をしてみるのもひとつの方法だ。

自分の店を構えて自営する人や、どこにも所属せずにフリーランスで仕事をしている人は、どんなことでも自分で考え、計画し、行動しなければならない。

そして間違いなく成果を出さなければ「次」の仕事につながっていかない厳しさ

がある。人脈を広げるにも自分の才覚にかかっているし、時間や経費の管理もすべて自分の責任だ。ようするに「自分は消極的だから」などといっていられないのである。

だからこそ、自分をそんな立場に置き換えてみるのだ。

たとえば、目の前にひとつの案件があるとしよう。消極的な人は、その仕事を達成するためにはどんな準備をして、誰に会って、どんな根回しをして、どんな行動をとるべきかなどを上司から指示されるのを待っている気持ちがあるはずだ。

そこで、「もしも自分が自営業やフリーランスだったとしたらどうするか」を考えてみてほしい。誰も指示は出してくれないから、すべて自分で考えなければならないだろう。

仕事の中身をよくとらえ、まず最初に何をすべきか。そして目的を達成して、仕事の成果を出すためにどんな行動をすべきかを自分で考えるのだ。

頭の中から「待つ」という姿勢を追い出し、上から指示をされる前に自分から動き出すように心がける。まさに自営業やフリーランスの人たちの考え方である。

そのうち「あいつは、全部任せておいてもきちんと結果を出してくれる」と信頼されるようになれば、より大きく、より重要な仕事も任せてもらえるようになる。
そうなれば、仕事そのものがますます面白くなり、もう自分は消極的だなどとはいっていられないはずだ。

## 最適な改善策を見つけるための4つの思考プロセス

一見、順調に進んでいるように見えて、どこかに問題点があって作業がスムーズに進まないというトラブルはよくあるものだ。こういう時は、事態を打開するための対策が必要だが、最適な改善策を導き出すためのプロセスがわからないという人も多いだろう。

そこで、実践してほしいのが「ＥＣＲＳの原則」と呼ばれる仕事を改善するための考え方だ。Ｅ＝排除（Eliminate）、Ｃ＝統合（Combine）、Ｒ＝交換（Rearrange）、Ｓ＝簡素化（Simplify）を表していて、Ｅ→Ｃ→Ｒ→Ｓの順序で検討し、改善を試みるのだ。

## 最適な改善案に導く手順

### Eliminate

やめる、断る、
取り除く

・撤廃してはどうか
・放棄してはどうか
・受注しないのはどうか

↓

### Combine

組み合わせる、
統合する

・部署を統合してはどうか
・店舗を1つにしてはどうか
・A案とB案の折衷案はどうか

↓

### Rearrange

取り替える、
置き換える

・人員（商品）の配置を変えてはどうか
・向きを変えたらどうか

↓

### Simplify

簡素にする

・マニュアル化できないか
・ムダをカットできないか
・ワンステップで完了できないか

たとえば、作業効率が悪いのなら、やらなくてもいいようなムダな作業がないか考えてみる。排除できる作業がなければ、統合できるものがないか検討する。似たようなデータを集計していたりすれば、統合することで効率化できないか考えてみる。次に、作業の順序を入れ替えるなどして効率化を図り、それでもうまくいかなければもっとシンプルなやり方でできないかを検討してみるといい。

## 情報収集のカギを握るキーパーソンの見つけ方

問題解決にあたって情報収集をするといっても、何を読んだらいいかわからない、どこから手をつけたらいいのかわからないという人は多いだろう。

手当たりしだいに読んだり集めたりして、仕事の役に立ちそうなものを見つけたり、個人的に興味のあることが書かれているものから始めて徐々に情報（の範囲）を広げていく、というのもひとつの手ではある。ただし、これにはそれなりの時間がかかるうえ、出費と根気も必要になる。じつは、そんなことをしなくても、いちばん役立つ情報を効率的に収集できる方法があるのだ。

それは、社内で自分が尊敬する先輩や上司を徹底的に観察し、彼らが読んでいるものを真似して読んでみることだ。「なんだそんなことか」と思われるかもしれないが、実際に真似をしてみたことがあるだろうか。

たとえば、取引先でのプレゼンテーションがうまくいかず、なんとかしたいと思ったとしよう。こういう時は、キーパーソンとなる先輩の仕事ぶりを注意深く見てみるのである。すると、その人の机の上にはプレゼンをするだいぶ前からライバル会社に関連する資料が山積みになっていたり、海外の類似品の資料といった情報を十分に集めていて、じつに用意周到に準備していることに気づいたりする。

あるいは、尊敬する上司を観察すると、愛読しているビジネスの専門誌や経済専門紙があることに気づくかもしれない。

探偵ではないが、こうして相手のことを探ったら、あとは自分でできる範囲で彼らのことを徹底的に真似してみるのである。そうするといつの間にか、これまでは知らなかった仕事に関する専門知識が深まったり、先輩を真似して会議で役に立ちそうな資料をあらかじめ集めることで積極的に発言できるようにもなる。

ビジネス上の情報収集は、「できる人」の行動を真似てみることで効率よくできるようになるのである。

## 自分の提案に足りないのは「熱意」か「データ」か

うちの部署は細かで煩雑な事務的な作業が多すぎて、本来誰もがやるべきことに十分な時間をかけられていない——。

そんな非効率的な現状を上司や社長に伝えたい時には、ただ「忙しいので人を入れてください」というだけでは了解してもらうのは難しいだろう。

逆に、もっと時間をうまくやりくりできないかとか、ほかの社員と分担するようになどと、もっともらしい指示を出されておしまいということにもなりかねない。

そんな時に効果的なのは、「データ」を整理して自分の提案がいかに正しいかをシミュレーションすることだ。

たとえば、事務作業のためにどれくらいの時間がかかっているか、それによって発生する残業代はどれくらいかかっているのかということだ。

さらに、それを専門のパートスタッフに引き受けてもらうことでどれくらいのコストカットができるかなど、データを集められるだけ集めて検討してみるのだ。

そのうえで、こう説明してみるのだ。

「私たちの勤務時間のうち約3割は日々の業務に費やされており、本来進めるべきプロジェクトに十分な時間がとれていません。部署全体の1カ月の残業代は約30万円にのぼっており、仮に業務を代行してくれる人を雇って月10万円を支払ったとしても20万円のコストカットになります」

このように具体的な判断材料を提案されると、相手は端から受け入れるつもりがなかったことでも、一考してみる価値はあると思えるようになる。高いと思い込んでいたハードルを下げられるので説得しやすくなるのだ。

ちなみに、このような説得をする場合のデータは、必ずしも正確でなくてもいい。

業務のコストダウンにつながる提案をしたい場合なら、だいたいの金額を挙げ、そこからどれくらいの経費を削減できるのかを説明するのだ。説得する材料の中にデータが入っていることで、むげに却下することもできなくなるのはもちろんだが、抽象的な表現や憶測を並べ立てられるより何倍も説得力が増すのだ。

## 「数字に強い人」は確実に問題を解決している

前述しているように、数字が大切だとはわかっているけれども数字が苦手という人は多い。「数字力」を鍛えるのには、じつは数字を使って考えることが役に立つのである。たとえば、日本全国で1日に何個のトイレットペーパーが消費されているか、と考えたことはあるだろうか。

このトイレットペーパーの例だと、まず1回トイレに行くごとに平均80センチメートル使うと仮定して、それを1日5回と考えると、80×5で、ひとりにつき1日400センチメートルを使っていることになる。

それに日本の人口を掛けると、1億2000万人×400で480億センチメートル、これをメートルにすると4億8000万メートルになる。

さらにこれを1ロールあたり60メートルのトイレットペーパーに換算すると、4

## ！日本全国のトイレットペーパーの消費量を考える

**1人分／日**

使用量／1回につき　80㎝

×

回数／1日　5回

＝

400㎝

**日本の人口**

1億2000万人×400㎝＝480億㎝

（4億8000万m）

**1ロール／60mのトイレットペーパーに換算すると**

**4億8000万m÷60m**

**＝800万個**

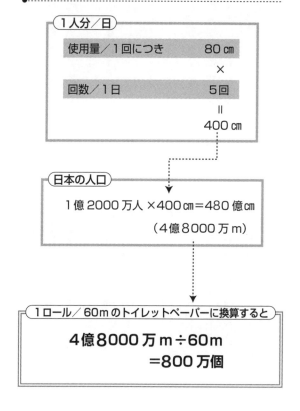

億8000万メートル÷60メートルで800万個、つまり日本全国で1日に800万個のトイレットペーパーが水に流されていることがわかるのだ。

この計算自体は、男女の違いや年齢の違いなどをいっさい無視した大雑把なものだが、常に数字で考えるクセをつけておけば、相手を説得できる力が自然と身につくようになるのである。

また、この考え方は「想像力」をもって数字を分析する力も身につく。

たとえば、150万部のベストセラーとなった本を、実際には何人の人が読んでいるのかと考えてみよう。

150万部が売れているのだから、まず150万人は読んでいるとしよう。だが、買った人が家族や友人に「いい本だよ」と貸していることも考えられる。仮に5パーセントの人が誰かに貸したとすると、7万5000人がプラスされる。

さらにベストセラー本は図書館でも人気なので、全国にある約3000の図書館で50人の人が借りたとしたら15万人、ざっと合計すれば170万人くらいがその作品を読んだのではないかとひとまずの結論が出せる。常に数字で考えるクセをつけておけば、問題解決力を鍛えることができるのである。

# Step 3

# 誰も教えてくれない人間関係の問題を解決するコツ

## ジェネレーションギャップは解消せずに利用する

団塊の世代、ゆとり世代、さとり世代、Z世代…。それぞれが属する年代によってさまざまな呼び名があるが、それらの世代の人たちが一緒に働くのが日本の多くの企業だ。

異なる世代の人が共に働く場合、必ずといっていいほどぶつかるのが世代間の壁、つまりジェネレーションギャップだ。

企業の管理職たちには、若い社員たちの考え方や価値観がまるで異文化のように感じられることがある。一方の若い社員たちにとってもそれは同じだ。年配の社員たちの発想は、時に前時代の遺物に思えるのである。

ギャップがあれば埋めなければならないと考えるのが一般的なのだが、ビジネスの場では必ずしもそうではない。ジェネレーションギャップが存在するチームは、強力な強みを持っているのと同義なのだ。

異なる価値観を持つ人たちが集まっているということは、自然と多様な視点を持つチームを成立させている。つまり、多角的なアイデアを出すにはうってつけなのである。

そこで必要なのは、自分とは違う年代の意見に否定的な見方をしないことだ。若い世代の考え方は「そんな斬新な見方があるのか」と評価し、年長者の意見は「経験を積んだからこその視点だ」と尊重する。

否定しない——。ただそれだけでジェネレーションギャップによって反目していたことが、「新しい気づき」に変わる。その結果、新たな視点で問題に向き合うことができるのである。

## 〝上〟に相談しても助けてもらえない時のちょっとしたコツ

仕事をしていて問題にぶつかったり、わからないことが出てきたりしたら上司や先輩に相談してみる——。これは社会人としての常識のように思えるが、現実にはなかなかうまくいかないものだ。

会社にはいろいろな人間がいる。「上司だから」「先輩だから」というだけで、すぐに質問に答えてくれるとは限らないし、相談に乗ってくれるわけでもない。

最初のヒントくらいは教えてくれるものの、「あとは自分で考えて」と放り出してしまう先輩も珍しくない。

「仕事とは経験のなかで身につけていくものだから、いくら言葉で教えてもしかたない」という考え方の先輩もいて、そこには「部下を伸ばしてやろう」という意図があるのかもしれない。

だが、教えてもらいたい立場としてはどうにも心もとない。自分で考え、学び、経験することが重要だとはわかっているが、それでも先輩の助言が欲しい。そんな場合はどうすればいいのだろうか。

そんな時は、他の部署に異動した先輩に相談してみるといい。

たとえば「ジョブ・ローテーション」の考え方をする会社があるが、これはある程度の期間が過ぎると、社員を他の部署に異動させるシステムだ。これだと確かにいろいろな経験や知識が増えて、仕事人間として幅と奥行きが出ることは間違いない。

しかも、そのシステムのなかで他の部署に異動した先輩は、何かあった時の相談相手としてふさわしい存在なのだ。

何といっても自分が悩みを抱えている仕事に関して熟知しているうえ、しかも、今は別の部署にいるわけだから、へたにライバル関係になることもない。それどころか、せっかく身につけた経験や知識を何らかの形で活かしたいと考えている人も多いから、相談を持ちかければ喜んで応じてくれるはずだ。

先輩が異動したら、もうそれっきりで無縁になるという人もいるかもしれないが、重要な人脈として大切にしておくと問題解決につながることもあるのだ。

## 「ノー」と言われたらそこがスタート地点と考える

営業には向き不向きがあるともいわれるが、成績が思うように上がらないとモチベーションも下がる一方になってしまうことはよくある。ところが、営業マンの力量は、一度「ノー」と言った相手を「イエス」と言わせることにあると言ったトップセールスマンがいる。

考えてみると確かにそのとおりで、特に飛び込み営業の場合、最初のうちは「数打ちゃ当たる」の精神で飛び込んでは当たって砕けていられるが、そのうち「イエス」と言ってくれそうな客を探して歩き続けるとその効率の悪さに疲れ果ててしまう。

それならいっそのこと、一度「ノー」と言った相手を「イエス」と言わせたほうが成績アップのためには効率がいいし、早道だ。

この「相手が断った時、自分は試されている」と能動的に考えることこそが、トップセールスマンの思考術なのである。

自分が客の側に立った時のことを想像してみよう。セールスマンとは、その名のとおり自社の商品を売りにきた人間である。

その売り物がたまたま自分が欲しくてたまらなかったものであれば、即「イエス」と答えるだろうが、そんな千載一遇のチャンスなどあるはずもない。

つまり、ほとんどの人はセールスマンの話を聞きながらも、心では「ノー」と答える準備をしているのである。

しかし、その時はたまたま必要がなかったとか、時間がなくてセールスマンとの会話を切り上げたかっただけかもしれない。それに、「もっと○○してくれたら買ってもいいのに」といった思いがあるのかもしれない。

断られたとしても、それ以降の働きかけしだいで「イエス」に転じる可能性は大いにあるのだ。その転換点がどこなのかを見極めることが、多くの顧客を獲得することにつながるのである。

「ノー」といった相手は、商品そのものに満足していないのか、それとも料金設定の複雑さに納得できないのか。一度断られた相手でも、「ノー」の理由を聞き出すことができれば、首をタテに振らせることも難しくはないのである。

## 最後に結果を出す「根回し」、徒労に終わる「根回し」

企画会議などで自分の立てたプランを実行に移そうとする場合、まず何よりも優先して事前の根回しに十分な時間をかけているだろうか。そうしないと「俺は聞いていない」という上司が必ずといっていいほど現れるからだ。

プレゼンをする前からそういう反感を持たれてしまっては、せっかく時間をかけて練りに練った計画も日の目を見る前にしぼんでしまうだろう。

といっても、上司なら誰にでも手当たりしだいに根回しをしなければならないというわけではない。第一、そんなことをしていたら時間と手間ばかりがかかってしまう。

それに根回しをした上司のなかには、自分のプランに反対する人物が出てくる可能性もある。そうなれば会議にはかる前にプランそのものを潰されてしまうかもしれない。

そこで根回しをする際は、まず会議で影響力を持っている上司を事前によくリサーチし、その上司にまっ先に声をかけるのである。

いうまでもなく、その人物が計画そのものに興味を持つことが前提となるが、少しでも関心を示すようなら、ほかの上司に対して「話だけでも聞いてほしい」と口添えしてもらえるように頼む手もある。これだけでその後の根回しに対する手応えは大きく違ってくるはずだ。

また、これは重要なビジネスマナーのひとつでもあるのだが、話を聞いてもらう際は必ず相手の意見を聞くことが大切である。

必要ならその人の目の前でメモをとってもいいだろう。こうしておくと、あとで「そんな話はしてない」とは言い訳できなくなるはずだ。

さらに、根回しするプランに対して不明点を指摘されたら、どこをどう直せばいいのかをできるだけ具体的に聞き出し、その意見を最大限に盛り込んだ企画書を即座に再提出すればいい。

ただし、いくら計画を実行したいからといって「根回しをした証拠を残させていただきます」というような態度で接してはならない。それこそ上司に対して失礼になるし、ヘタに反感を持たれれば逆効果にもなりかねない。

何よりも「ぜひ話を聞いて下さい」という低姿勢で接するのがベストだ。根回しはツボと急所を押さえながらするのが一番大切である。

## 「報・連・相」では上司の信頼が得られない理由

「報告・連絡・相談」を怠らないことは、職場における上司と部下の意志の疎通がうまくいくための基本であることから、よく野菜のほうれん草に引っかけて「ホウ・レン・ソウ」という言い方をする。

しかし、部下から上司へ積極的に働きかけ、より生産的な関係にするための手段として、ここではあえてその順番にこだわって「ソウ・レン・ホウ」の実践をすすめたい。

つまり、「まず相談をし、それから連絡、報告をする」というわけだ。

まず相談すること。ここがキモである。わからないことがあれば、「先輩」に当たる上司に自分から「〇〇〇で困っているのですが、どうしたらいいでしょうか」「こんなふうに仕事を進めたいのですが、どんな戦略をとればいいでしょうか」などと相談を持ちかける。

その職場の事情や、やり方をよく知っているのが上司なのだから、当然的確なアドバイスを得られるし、場合によっては予想もしていなかったリスクを聞き出すことができて事前に回避策を考えることもできる。

もちろん、その仕事に対して自分がどんな心構えで向き合っているか、どんな手段や手順を考えているかを示すことで、自分の仕事ぶりや能力を見てもらうこともできるし、仕事に対する向き合い方や人間性をアピールすることもできる。

大切なのは、上司との相談から出てきた結果をふまえて仕事を進め、途中の連絡を怠らないことだ。経過を伝えることで自分の取り組み方を伝えることができるからだ。

そのうえで最後の報告をすれば、その仕事の全体像を上司に把握してもらうだけでなく、上司がフォローしてくれる場合もあるだろう。

また、いかなる結果であったとしてもそれは独断で強行したのではなく、上司の支えがあったうえで最大限の努力をしたことの成果ということになる。だから上司もその結果に納得できるし、素直に受け止めてくれるのだ。

つまり、「いかにして上司が部下を使いこなすか」ではなく、「いかにして部下が上司と有意義で能動的なつき合い方をするか」という発想である。「受け身」になりがちな上司とのつき合いを、自分から積極的に活用する考え方としてぜひ覚えておいてほしい。

## 敵にスキを見せることで問題を解決する方法

仕事上のこととはいえ、ついアツくなって相手を論破してしまうと、議論に負けたほうは逃げ場を失ってしまうことになる。議論は相手をやりこめるのではなく、その先のことを考えて、必ず逃げ道をつくってやる気遣いを持つようにしたい。

仕事上の議論の相手は、同じ仕事に向き合う仲間であることが多い。もしかしたら議論をしているその課題は、その人と共に取り組むものかもしれない。いわば仕事上の意見を戦わせる相手は、同時に協力者でもあるのだ。

そんな人を徹底的にやりこめてしまい、今の立場を失わせてしまうとどうなるか。反抗的な感情を抱くかもしれないし、また自信を失ってしまい仕事の効率が下がるかもしれない。また、せっかくの意見が潰されたことで萎縮してしまい、新しい発想力が減退してしまうことにもなりかねない。

いずれにしても人間関係の悪化は免れない。これでは、よりよいものを生み出すための議論もまったく逆効果になる。

そこで、こんな時は尊重した言い方を心がけたい。

たとえば、「○○さんの言うことももっともです。たいへん勉強になりました。いずれは活かしていきたいと思っております」と言えば、相手も自分の発言の問題点を認めてスッと引き下がることができる。

また、「建設的な意見交換ができてうれしいです。これからもこういう議論を重ねていきたいものですね」といった言い方をすれば、相手のいいところをきちんとわかっていて、それを認めているのだというメッセージを伝えることになる。

自分が一歩引いて気遣いをすることで、相手が「自分が一方的に負けた、恥をかかされた」と感じて敵対心を抱くこともない。むしろ、自分のことを尊重してくれることに対して親近感を抱くはずだ。

もちろん、建設的な議論ができたことへの「ありがとう」という感謝の言葉も忘れないようにしたい。感謝の気持ちは、好ましい人間関係を築くうえで不可欠のものだからだ。

より有意義なものにするために意見をぶつけあうことをぜひ実行したい。

## きっちり自己主張しながら〝落としどころ〟を見つけるコツ

日本人は自己主張が苦手だとされている。とはいえ、今どきのコミュニケーションにおいてはある程度の自己主張が必要なのはいうまでもない。問題はそのやり方である。

コミュニケーションスキルのひとつに「アサーション」という言葉がある。もともとはコミュニケーションが苦手な人のためのカウンセリング用に誕生したもので、自分と相手の両方を大事にする自己表現（＝アサーティブネス）を会得する方法だ。

たとえば、同僚と一緒に外回りの営業から帰ってきた時、同僚から「報告書のまとめ、よろしくな」と一方的に頼まれたとする。

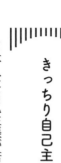

## 建設的に自己主張するための落としどころを見つける

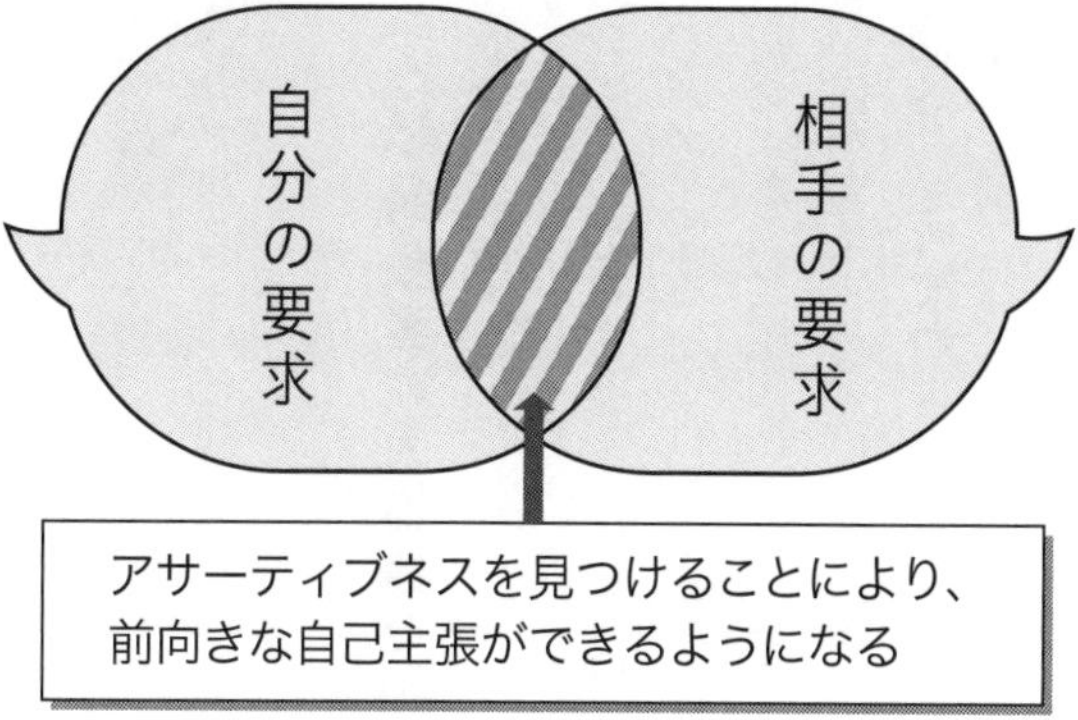
自分の要求
相手の要求
アサーティブネスを見つけることにより、
前向きな自己主張ができるようになる

このケースで、自分の意見をいっさい主張することなく「わかったよ」と引き受けたとすれば、それは相手の主張を優先しすぎであり、つまり受動的（ノン・アサーティブ）になる。

だからといって「俺だって今日は手一杯なんだから、お前がやれ」と自分の主張だけを通そうとするのは、攻撃的（アグレッシブ）だ。こうした場面で、自分の主張を出しつつ相手に対する配慮もするのが、アサーションである。

「俺も今日は手一杯だから、分担してやらないか？」のような回答は、アサーティブの好例だ。

これなら「一方的な依頼は引き受けられない」という自己主張に加え、「分担しよう」という提案もできるので建設的といえるだろう。

いつも自分ばかりが貧乏くじを引いていると思い込んでいる人は、アサーションで自己主張ができるよう心掛けたい。

## まずは、対象者の人物像を明らかにするのが攻略のルール

「相手の身になって考えろ」とは、子どもの頃から親や先生に口酸っぱく言われた言葉だが、いざとなるとこれがなかなか難しい。

ここで紹介する「共感図法」は、まさに相手を理解するための手法だ。

対象者が何を考え、何を欲しているのかなどをみんなで話し合い、マップ化していくのである。そうすればメンバーとの共通意識も保てるし、相手とのつき合い方の参考にもなる。

たとえば、顧客のAさんを対象者とした場合、まずは、真ん中にAさんの肩書と

## 対象者をとことん分析する

<共感図>

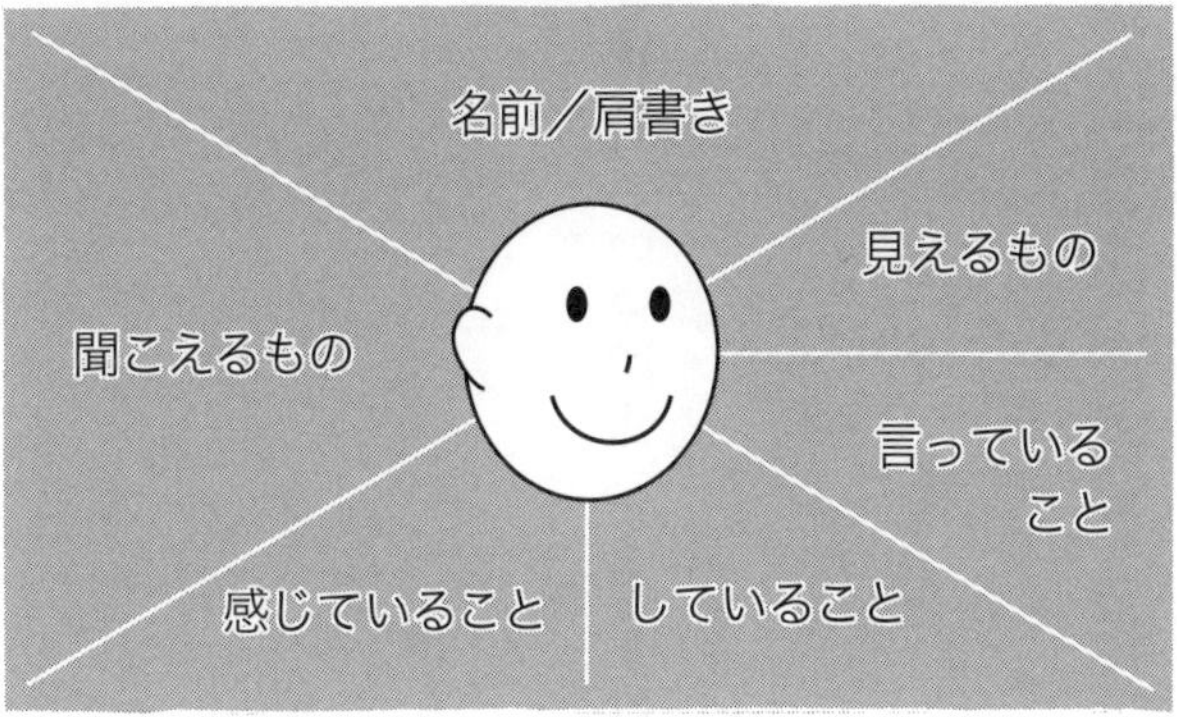


氏名を書いておく。この時、写真やイラストなども貼っておくとイメージしやすい。

基本となるのは「見えるもの」「聞こえるもの」「言っていること」「感じていること」「していること」の5項目だ。あとはAさんの身になって、それぞれについて考えたものを付箋などに書き出し、Aさんのプロフィールの周囲に貼っていけばいいのである。

ちなみに「見えるもの」とは、Aさんの目に何が映っているかという想像である。「部下の仕事ぶり」など具体的なものも入るだろう。

「聞こえるもの」は、Aさんがよく耳

にするであろうもので、「上司からの要求」や「業界のウワサ」などの回答例がありそうだ。

ほかの3つもこれと同様に想像すればいいが、この区分けがしっくりこない場合は「思考」「行動」「感情」「発言」の4項目で作図してもいい。

コツは「あのヒトなら、こんなふうに思っているかもね」程度の気軽さで考えてみることだ。

## 結局、「いい関係」をつくれるかどうかがカギになる

人間関係は対等であるのが理想だが、ことビジネスにおいては何らかの理由で強者と弱者という構図ができてしまうことが少なくない。では、自分が勝者ならいいのかというと、じつはそうでもない。そこでおすすめなのが「Win-Win」の考え方だ。

本来は、勝者がいれば敗者がいるWin-Loseが当たり前だが、Win-Winは「ど

## 良好な関係を築くためのWin-Win

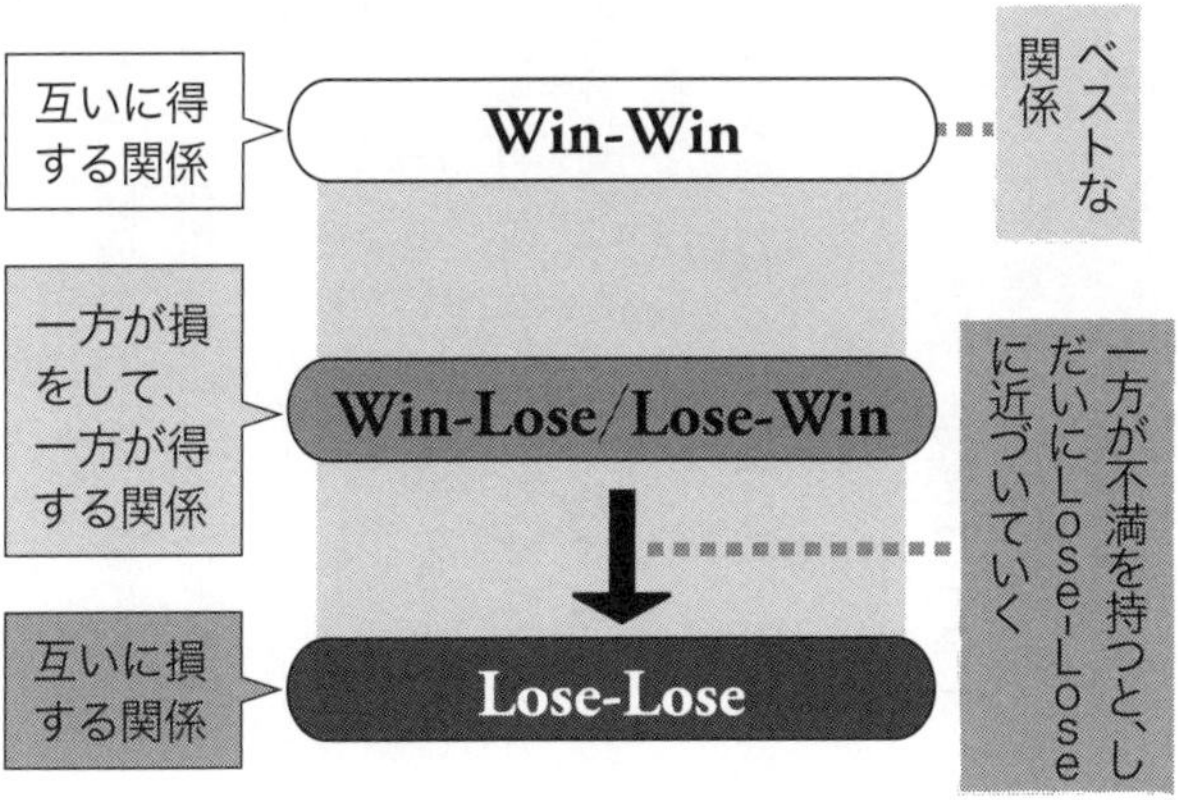
互いに得する関係
Win-Win
ベストな関係
一方が損をして、一方が得する関係
Win-Lose/Lose-Win
一方が不満を持つと、しだいにLose-Loseに近づいていく
互いに損する関係
Lose-Lose

ちらも勝者になる」関係性を意味する。WinとLoseを損得と訳せば、わかりやすいだろう。つまり、両方が得したと思える結果を目指すということだ。

最も身近な例は、モノを売る側と買う側の関係だ。売る側は商品を提供する代わりにお金を得て、買う側はお金を支払う代わりに商品を得る。

どちらかが得をして、どちらかが損をするのではなく、どちらにもメリットがあるという構図になる。

しかも、この関係性は交渉などのコミュニケーションにおいても大いに役立つ。ぜひとも覚えておきたいところだ。

たとえば、同僚が「今日、急に接待になったので、引き受けてくれないか」とイレギュラーの仕事を持ってきたとする。

そこで「じゃあ、その代わりにプレゼンの資料作り、引き受けてくれよ」と約束を取りつける。

相手はイレギュラーの仕事を手放すことができるし、引き受けたほうは負担になっている資料作りを相手に任せることができる。

この交渉を相手が承諾すればWin‐Winの関係が成立するし、そうでなければ別の代案でまた交渉する。

Win‐Winの関係を目指せば、人間関係の軋轢も軽減されるはずだ。

## 自問自答に「スマホの中の相棒」を使う

悶々と思い悩んでいる時には、誰かに聞いてほしいと思うことがあるだろう。話すことで気持ちの整理がつくし、拍子抜けするほどあっさり答えが出ることもある。ただし、相手のアドバイスによって答えが出ることはまれだ。五里霧中にも思える悩みのなかでも、じつはすでに答えが出ていてそこに目がいかないだけということが多い。答えは自分のなかにあるのだ。

大切なのは、口に出すこと。誰かに話す時は、「相手にわかるように」説明することになる。この作業が、自分の気持ちの整理につながり、いままで見えなかった答えにたどり着けるはずだ。

とはいっても、いつも誰かが聞いてくれるとは限らない。そんな時に利用したいのが、対話型ＡＩである。

スマートフォンでもパソコンでも、対話型ＡＩは気軽に利用できるし、時と場所を選ぶことはない。何度も聞いて悪いなとか、しつこく愚痴って嫌われないかな、などと配慮する必要もないのだ。

時にはＡＩを「答えを出すコンピューター」ではなく、単なる話し相手として利用してみるといい。スマートフォンの中に、いつでも話しかけられる相棒がいると思えば心強い限りではないだろうか。

## 利害関係を整理すれば、道は必ず開ける

新しいプロジェクトを立ち上げる時に思いがけない反対に遭ってしまうと、仕事が頓挫してしまいかねない。そんな時に重要なカギになってくるのが、利害関係者（ステークホルダー）の洗い出しだ。協力者が誰で、抵抗勢力が誰なのかを把握するのである。

そこで、おすすめしたいのが、利害関係者の立ち位置がひと目でわかるステークホルダーマップの作成である。縦軸を影響力、横軸を関心度にして、そこに利害関係者を配していくのだ。社内の人物だけでなく、取引先や株主など、そのプロジェクトに影響があると思える人を漏れなく配していくといい。

こうすることで、全体のパワーバランスを俯瞰でき、キープレイヤーが誰なのかを客観的に把握することができる。たとえば、A部長は影響力が大きいうえ関心度も高いというなら、A部長に積極的に働きかけて協力者として引き入れるようにす

## パワーバランスを整理する

①利害関係者を細かく洗い出す

②マトリクスに利害関係者をマッピングする

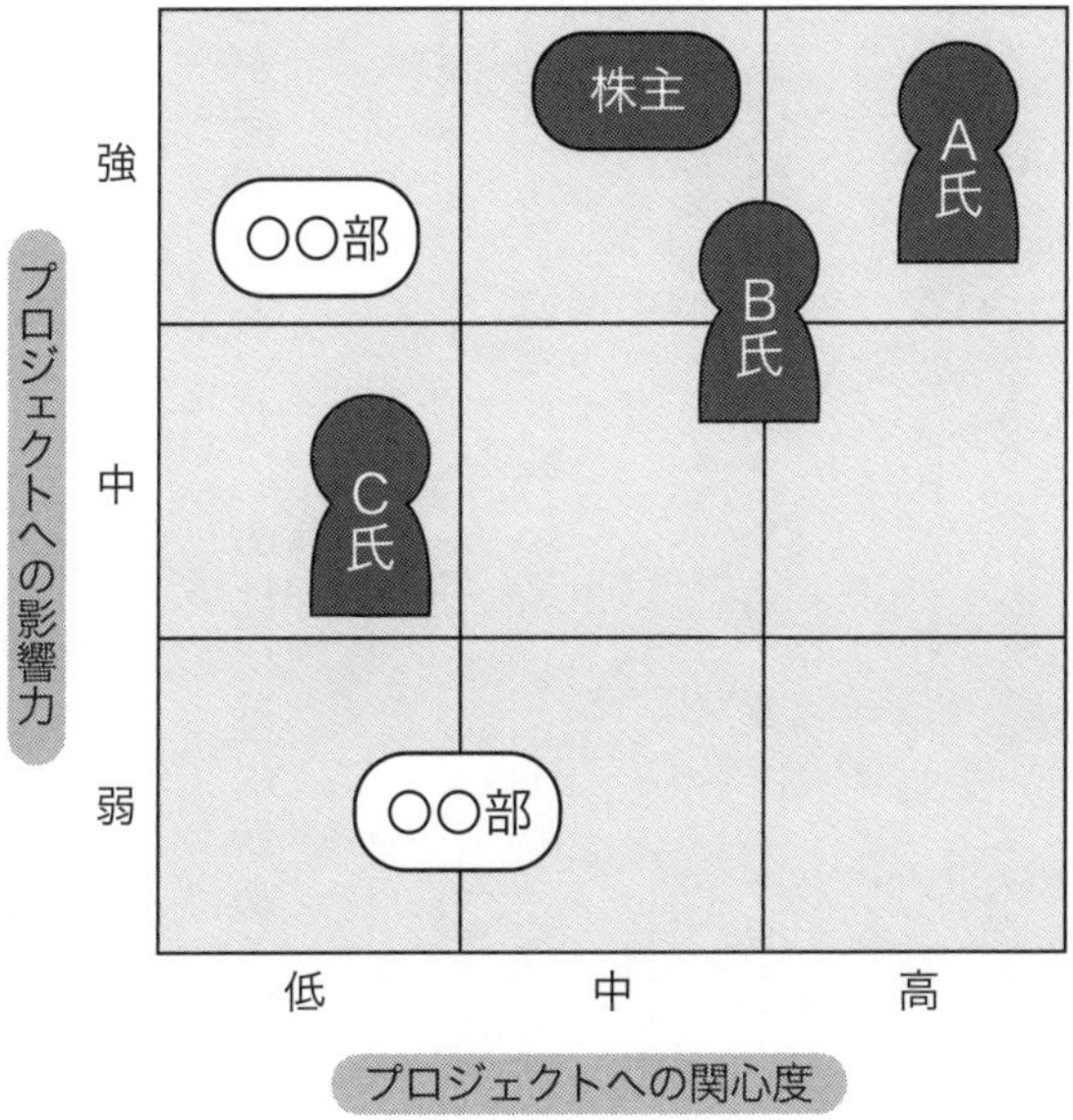


③キープレイヤーを見つけるとともに、利害関係者の
パワーバランスを整理する

る。利害関係者の調整がうまく運べば、それだけプロジェクトの進行もスムーズになるだろう。

## チームが機能していないのには理由がある①

どんなに有能な人材を集めたチームでも、最初からうまく機能することはない。優れた能力を発揮できるチームになるには、いくつかの関門をくぐり抜ける必要がある。

チームが成長していく段階を端的にまとめたものが、タックマンモデルだ。チームが成長する段階を「形成期」「混乱期」「統一期」「機能期」の4つに分類している。

チームが生まれたばかりの時期が、形成期だ。この時期、メンバーはお互いに様子を見合っており、一見、譲り合って穏やかに見えるチームもあれば、緊張感でピリピリとしているチームもある。いずれの場合も、チーム内で価値観や目標、達成

## チームとして成長するための4つのステップ

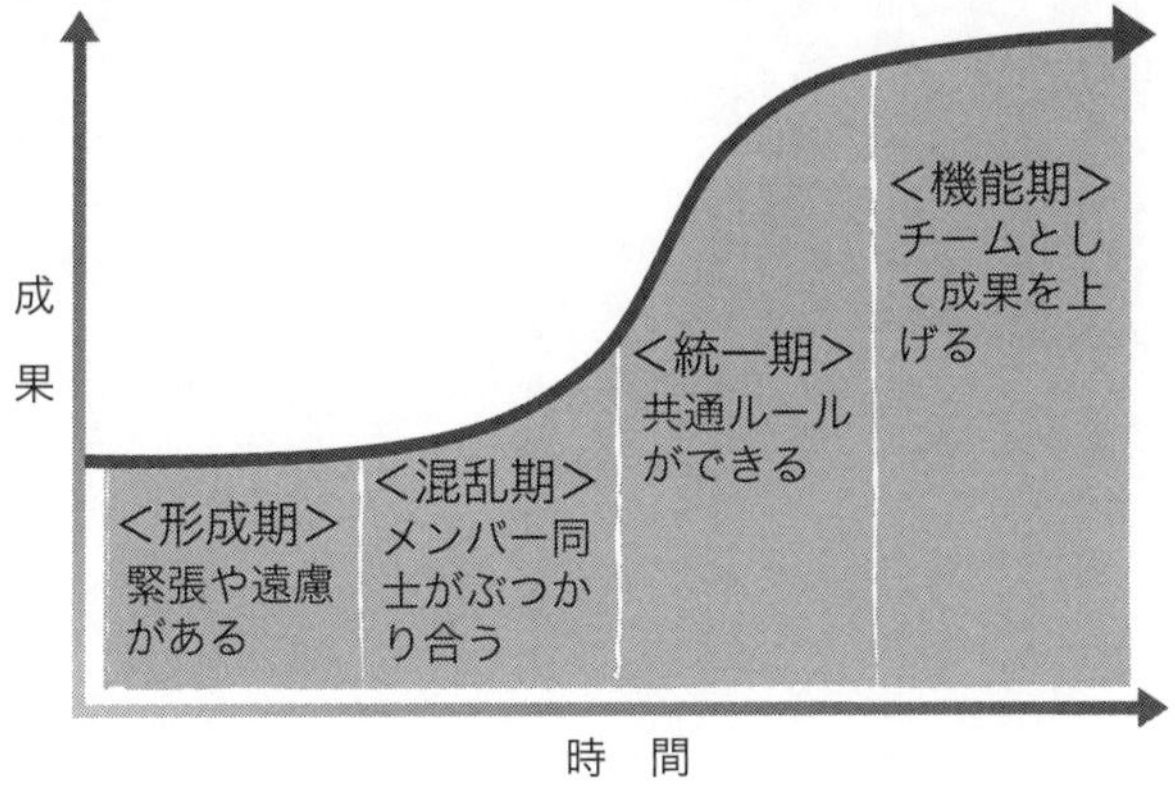
成果
時間
＜形成期＞
緊張や遠慮がある
＜混乱期＞
メンバー同士がぶつかり合う
＜統一期＞
共通ルールができる
＜機能期＞
チームとして成果を上げる

へのプロセスに対するイメージを共有するに至ってはいない。

次に訪れるのが混乱期だ。仕事を進めるうちに各自のやり方や考え方の違いが見えてきて、ぶつかり合いが起こる。ここがチームとしての正念場となる。意見のぶつかり合いも、チームとしての絆を深めるためだという意識をそれぞれが忘れてはいけない。

そうして混乱期を乗り越えると、やってくるのが統一期だ。

意見をぶつけ合ったことでメンバー同士の理解が進み、各自の役割なども見えてくる。その過程のなかで、価値観の共有やチームとしての規範も生まれ、チームワークを発揮する準備ができてくるのだ。

そして、チームとして成熟するのが機能期である。

メンバーはお互いの役割を意識して自発的に動くことができる。目標達成に向けて一丸となって動くことができ、まさにチームワークを発揮する機能性を備えるのである。

## チームが機能していないのには理由がある②

会社で机を並べている同僚や部下、上司は、当然のことながらまったくの赤の他人である。個性もさまざまで、だからこそトラブルが起こるのも無理はない。そこで集団がうまくやっていくためには、それぞれが自分の役割をしっかりと認識する必要がある。

チームワーク理論の第一人者メレディス・ベルビン氏は、チームを理想的に機能させるための9つの役割（ベルビンロール）を定義した。メンバーをこの中の役割

## 理想的なチームに必要な9つの役割

| コーディネーター | チームワーカー | 調達係 |
| --- | --- | --- |
| 目的意識があり、チーム全体を見てコーディネートする。コミュニケーション上手。 | 協調性があり、信頼を築き上げる人。他人のアイデアを形にするのがうまい。 | 広い人脈と優れた対人能力を持っていて外交的。チャンスを逃さないタイプ。 |
| **形づくる人** | **実行者** | **完璧主義者** |
| チャレンジ精神が旺盛。パターンを見つけたり、アイデアを統合するのが得意。 | 計画づくりが得意で、スムーズにことが運ぶことに喜びを感じる。急な変化が苦手。 | どんなプレッシャーのなかでも、確実に成果を上げる。勤勉で手抜きを嫌う。 |
| **クリエイター** | **スペシャリスト** | **監視役** |
| 独自のアイデアを持ち、周囲にアピールする。知的な議論を得意とする。 | 特定の分野において、深い知識と高い問題解決能力を発揮する。専門家的存在。 | 公平で偏見がなく、批評が得意。効果的に問題解決の糸口を見つけ出す。 |

に当てはめることで、チーム内での立ち位置を意識した行動や発言がしやすくなるのだ。

また、プロジェクトメンバーを決める時には、あらかじめベルビンロールに沿って選考すれば、機能的なチームをつくることができる。

必ずしもすべての役割が揃っていなくても、メンバーが互いにその役回りを意識していればチームの機能性は上がるはずだ。自分や相手の個性や得意分野、キャリアなどを分析して最適な役割分担をしていきたい。

## チームが機能していないのには理由がある③

営業とはまさに水物で、会社の置かれている状況や社会情勢によって売り上げは上がったり下がったりする。順調に売り上げが伸びているうちはチーム内の雰囲気もいいが、いったん下がり始めて半年、1年を超えるころになるとチーム事情も少し変わってくる。

チームや課をまとめるリーダーや課長にとってはいたたまれない気持ちだろうが、上から連日のように叱責され、部下から容赦のない突き上げをくらうようになってくると、いわゆる犯人探しが始まったりする。

そもそも販売目標自体が高すぎるのか、あるいは部下に力量がなかったり、ヤル気がなくなっているのか。チーム全体の販売実績を示す数字が日を追うごとに右肩下がりになり、目標に遠く及ばないとなると自分の首さえ危うくなってくる。

では、常に目標を達成し続けるチームと、それができないチームとの差は何なのか。数人程度で構成される組織を引っ張るリーダーとしてとるべき行動には何があるのか。

そこで問題である。次の5つの設問のうち、最も効率的な再生策はどれだろうか。

1　売り上げが伸びない社員などを対象に人事を刷新、チームを少数精鋭化する
2　ＡＩなどを積極的に導入し、社内のほかのチームの長所を取り入れる
3　現有戦力を維持し、いったん達成できる範囲まで目標を下げる
4　もう一度、原点に立ち返ってチームの強みを検証し、運営方法を見直す

## 5　すべての責任を負うつもりで、強力なリーダーシップをとって大改革に着手する

この状況のなかで往々にして陥るのが、「今までこうしてきたから」「昔はよかった…」などと過去の栄光に固執することだ。リーダーとして、もっともやってはいけないことである。

そう考えると、仕事ができない社員をクビにしたり、ほかの部署をまねてもうまくいかないのは目に見えている。かといって売り上げ目標を下げるのは営利を追求する組織としてはあってはならないことだし、自分一人が踊ったところで部下はついてこないだろう。

大切なのは、4のチームの強みや特徴を原点に立ち返って検証し、現状を把握することから始めることだ。

# Step 4

# 「その先」を正しく読む戦略術

## トラブルに遭った時の対応が自分の未来を変える

大きな問題にぶち当たった時、パニックになる人がいるが、いうまでもなくパニックになったところで問題は解決しない。やはり、大事なのはまず冷静になることだ。

問題にもいろいろあって、たとえばコロナ禍やリーマンショック、為替変動のような外的要因のものと、自分や仲間、部署のミスといった内的要因のものでは解決方法が異なってくる。

外的要因の場合は、問題の本質は動かせないから、その事象に合わせた解決策を見出さなければならない。

一方で自分や仲間のミスが原因なら、そのミスが発生したシステムに問題がある可能性があるので、そこから変えなくてはならない。

具体的な対応方法や内容は問題によって変わってくるが、まずは何が原因だったのか、どこが間違っていたのか、問題の本質を見極めることが最優先であることは共通して言えることだ。

もうひとつ大事なのは、ここでのジャッジが自分の未来にかかわるターニングポイントだと位置づけることだ。

大げさに聞こえるかもしれないが、大きなトラブルに対してどういう対応をとるかで、問題解決という結果だけでなく、自分の行動そのものも真価が問われる。

ここで下した決断が自分の未来を決めると思えば、あきらめずに最適解を導き出せるはずだ。

## 計画は2年で見直し、5年で疑い、10年で破棄する

スタート時にどんなに綿密で完璧に見える計画やスケジュールを立てていても、進めていくうちに予期せぬ問題が起こり、変更せざるをえなくなることは少なくない。

ことにビジネスの世界は、プランへのこだわりが結果的に失敗に結びつきかねない。なぜなら世の中は絶えず変化しており、ビジネスに求められるニーズも日々変化しているからだ。

たとえば、世界の自動車業界がわかりやすい例だろう。

かつて馬力のある大型車ばかりを長期計画で開発していたアメリカの伝統ある自動車メーカーは、消費者ニーズや温暖化対策などの変化に対応しきれず、小型で燃費に優れる日本車や、新興の電気自動車メーカーにいつの間にか追い抜かれてしまった。

つまり、時代の流れを無視して一度決めたのだからそれを曲げずに貫こうという姿勢は、自らの首を絞めることにもなりかねない。長期的な展望はより柔軟に立てなければならないのだ。

じつは、ビジネスで成功を収めた企業のトップほどこのことに優れている。短期間のうちに急成長して上場まで果たしたある経営者は、長期計画は必ず2年ごとに再検討を加え、必要に応じて軌道修正するようにしているという。

さらに、再検討しても軌道修正する必要のない事業が5年間続くようなら、その計画はどこかが間違っていると考え徹底的な検証を行うのだ。

世の中が常に変化しているのに、5年間も軌道修正する必要がないというのはありえないという発想だ。

そして、何度も再検討しながらも、10年間一度もプランが刷新されないようなら計画そのものを破棄するという。

つまり、途中で変更されないプランは一見うまくいっているように見えても、必ずどこか時代にそぐわなくなっている部分があるはずだから、計画そのものを一度ご破算にして再度今の視点で組み立て直すのである。

このように時代の変化に対して臨機応変に計画を変更することは、ビジネスでは絶対に必要なことなのである。

## 重大なトラブルを未然に防ぐ基本の心得

重大な事故や事件の発生は、その企業の命運さえも左右しかねないが、ひとつの重大な事故が起きる前には、その前兆となるような軽い事故が29件は起きているという。

そして、そういった軽い事故が起きる前には、「危ない！　一歩間違えれば、事故になるところだった！」というようなヒヤリとする出来事が３００件は起きているといわれる。

これは、「ハインリッヒの法則」という労働災害における経験則である。つまり、取り返しがつかない重大事故を起こさないようにするには、まずは３００件の危険な出来事を取り除いていかなくてはならないということだ。「ヒヤリとしたけど、事故にならずによかった」というだけですませていると、いずれは重大な事故につながってしまうからだ。

ヒヤリとする出来事が、いつ、どのような環境で起こったのか。芽が小さいうちに、しっかりと検証して修正していく。

その積み重ねが、潜在的に隠れているリスクの数を減らし、ひいては大きな事故やトラブルにつながるのを防ぐのである。

## 重大事件の裏にある小さな危険に注目する

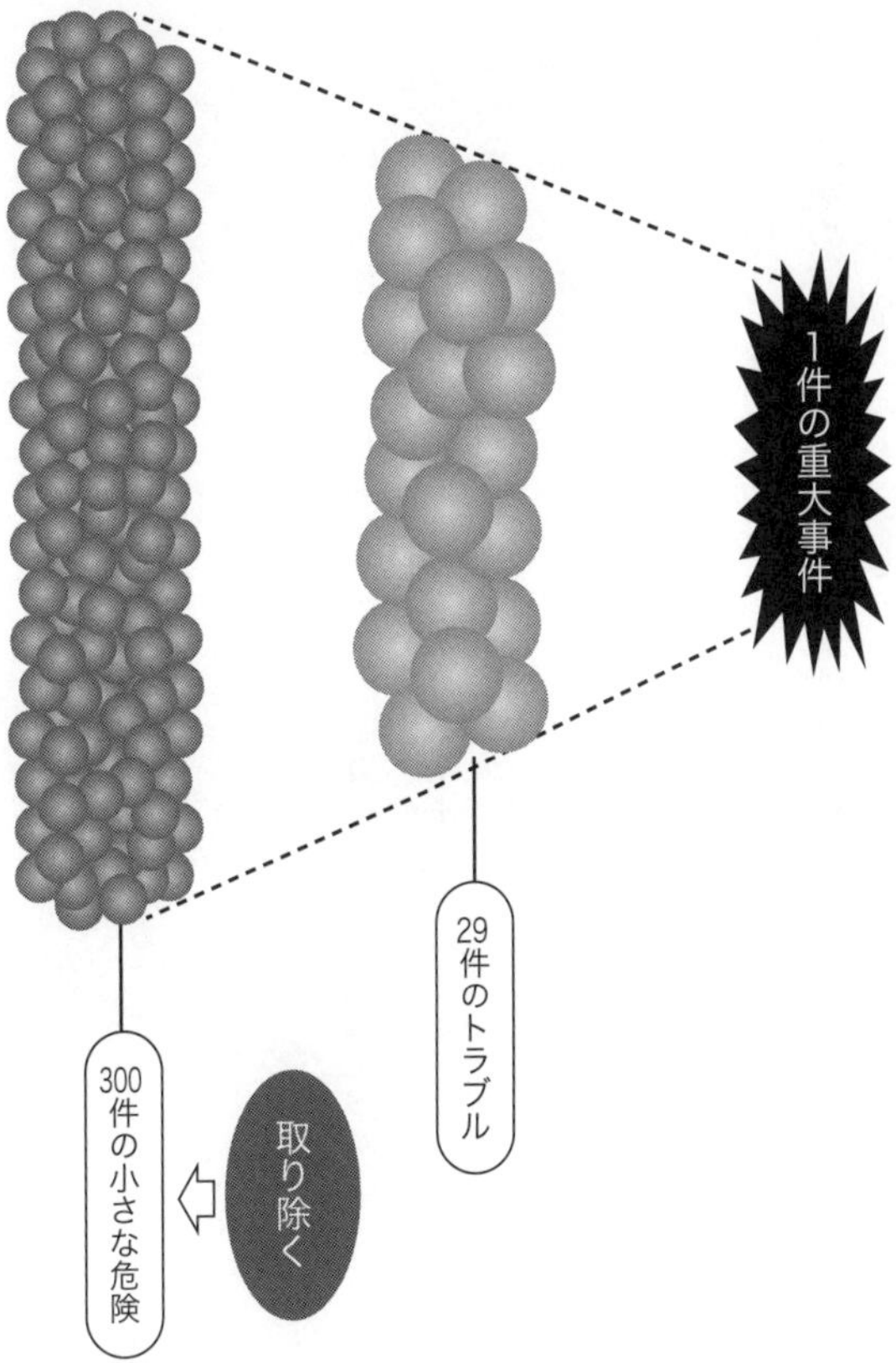
1件の重大事件
29件のトラブル
300件の小さな危険
取り除く

## 個々の戦闘力を高めて、不利な条件を跳ね返す方法

大企業というと安定はしているものの、組織の一員としての仕事しかできないことが多い。一方、中小企業は個の努力しだいで成果を上げることもできる。

そこで、事業の規模に応じたビジネス戦略を組み立てるのに役立つのがランチェスター戦略だ。もともとは、兵力・戦闘力と勝敗の関係を明らかにした法則だが、現在はビジネス分野で応用されている。

では、兵士の数で圧倒的に不利な中小零細企業はどのように戦えば有利になるのか。そのためには、5つの戦略でスキルアップして個々の戦闘力を高めることだ。

たとえば、商品戦略ではナンバーワン企業が「総合主義」をとるのに対し、2位以下は「一点集中主義」で攻める。また、地域戦略もナンバーワン企業がその組織力で「広域戦」に臨めば、2位以下は「局地戦」で対抗するというように市場規模に合った戦略を推し進める。これらの戦法を自社に当てはめてみると、おのずと戦

## ナンバーワンに対抗する弱者の戦略

市場シェア 2位以下

市場シェア ナンバーワン

| 弱者 | 基本戦略 | 強者 |
|---|---|---|
| 差別化戦略 | 基本戦略 | ミート（同質化）戦略 |
| 一点集中主義 | 主義（商品戦略） | 総合主義 |
| 局地戦 | 地域戦略 | 広域戦 |
| 接近戦 | 流通戦略 | 遠隔戦 |
| 一騎打ち戦 | 顧客戦略 | 確率戦 |
| 陽動戦 | 戦法 | 誘導戦 |

略が見えてくるはずだ。

## 問題点をそのままで終わらせないための反省の技術

イベントが終了したあとに反省会をしても、ダメだった点をただ列挙していくだけでは次にはつながらない。そこで、「KPT」の出番だが、KPTとは、K＝Keep（継続したいこと・良かったこと）、P＝Problem（問題点・悪かったこと）、そしてT＝Try（次に試したいこと・改善策）の略である。

たとえば、対象となるテーマがイベントだったら、KとPをことごとく洗い出していく。K＝入れ替え制で会場が混雑せずよかった、P＝スタッフが説明不足だったなど、イベント自体を振り返ってどんどん列挙していくのだ。

そのうえで、Kをさらによくしていくには次に何を試したらいいのか、Pを改善していくにはどうしたらいいのかを検討して、Tを導き出していくのである。

ただ漠然と反省するのではなく、具体的に次のイベントで挑戦することや改善策

## 次につながる振り返りの3つの手がかり

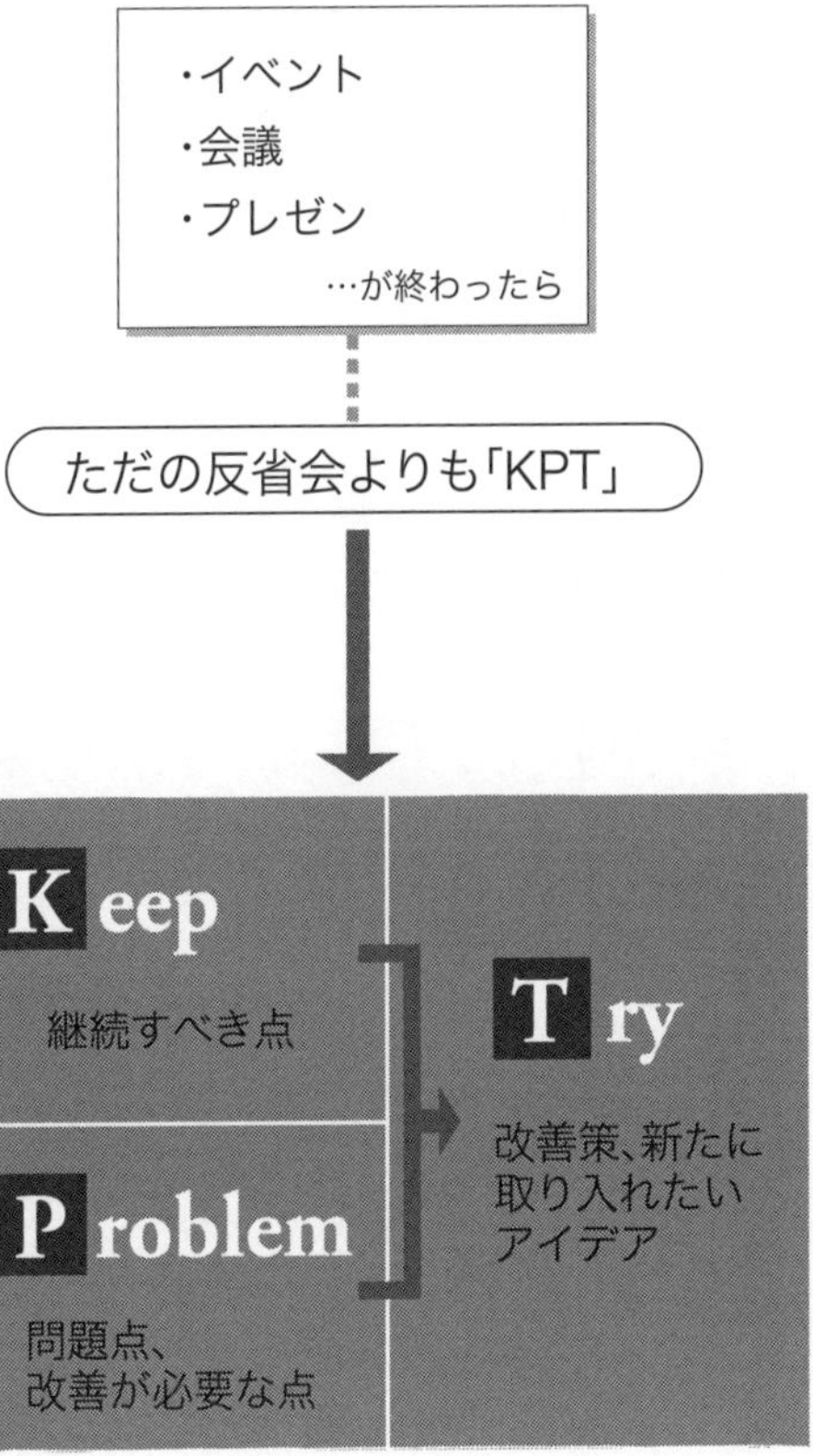
・イベント
・会議
・プレゼン
…が終わったら
ただの反省会よりも「KPT」
Keep
継続すべき点
Problem
問題点、
改善が必要な点
Try
改善策、新たに
取り入れたい
アイデア

がリストアップされ、回を重ねるごとにイベントにも磨きがかかっていくはずだ。

## 待っているだけでは、偶然のチャンスに巡り合わない

キャリアアップにつながる偶然のチャンスは、ただ待っているだけでは訪れない。

そこで、自分の将来について考える際に取り入れたいのが「計画された偶発性理論」である。これは、アメリカのスタンフォード大学のクランボルツ教授が提唱した「個人のキャリアの8割は、予想もしない偶発的な出来事によって形成される」という理論だ。

この理論の中心にあるのは、自分から積極的に行動したり意識することで、偶然のチャンスを計画的に引き寄せようという考えだ。そのためには、①好奇心、②持続性、③楽観性、④柔軟性、⑤リスクテイキングの5つが重要なカギになる。

ようするに、①何事にも好奇心や興味を持って自分の守備範囲を狭めない、②少しくらい失敗してもすぐに諦めずに続ける、③マイナスの出来事が起こっても、き

## ! キャリアは偶発性とともに育つ

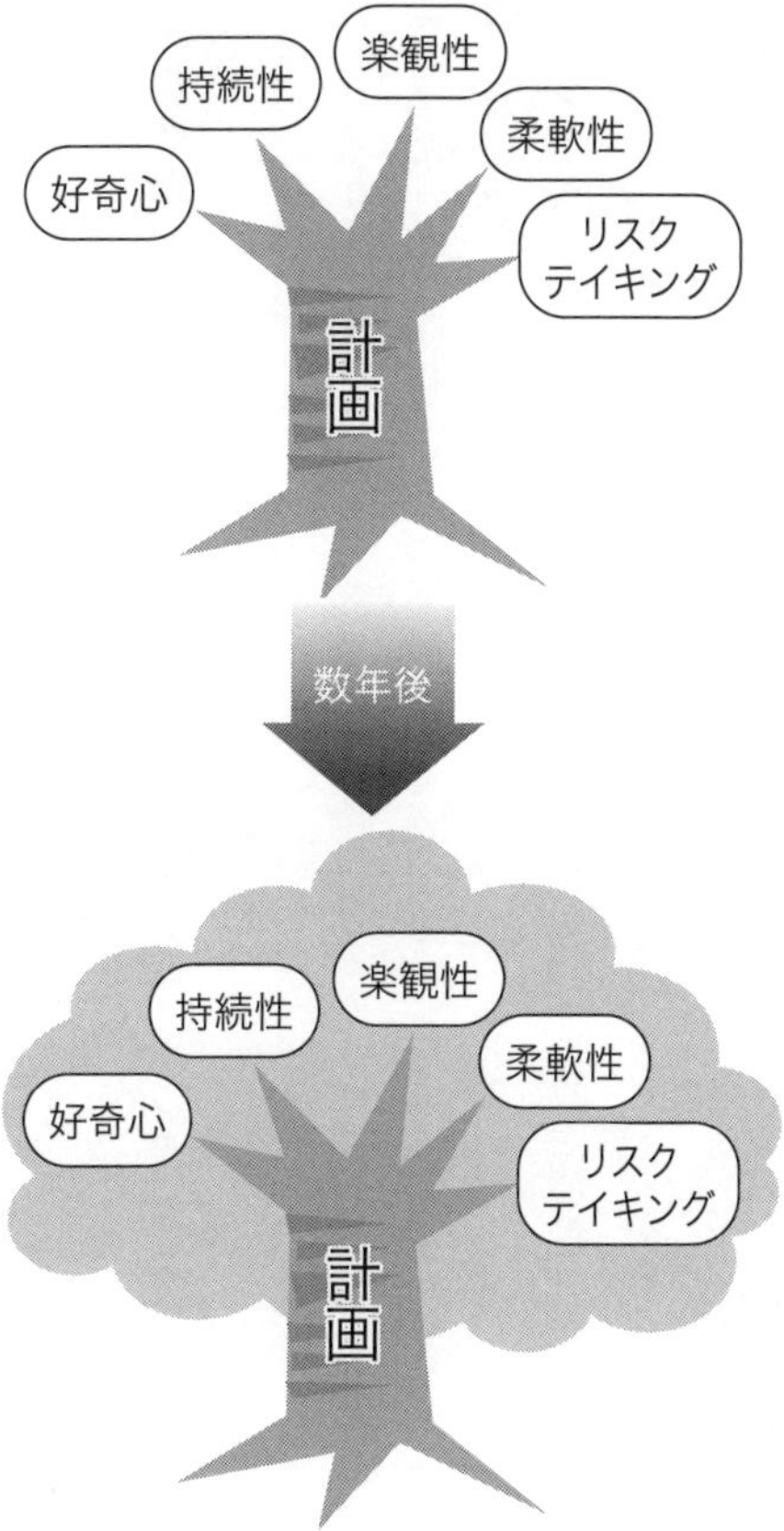

っとプラスに転じるとポジティブに受け取る、④思い描くキャリアに固執しすぎず、柔軟に考えて行動する、⑤たとえリスクがあっても恐れずに行動する、ということが大切なのである。

## どんな変化にも素早く対応できる「シナリオ・プランニング」

10年先どころか1年先、1カ月先も読めない現代社会のなかで、将来を予想するのは至難の業だ。どんな状況になっても対応できるように備えておきたいものだが、そのために役立つのが、シナリオ・プランニングという方法だ。

シナリオを作成するプロセスとしては、まず技術の進歩や政治情勢、自然的な要素など、不確実な要素に関してできる限り情報を集める。そして、集めたそれらの情報に基づいていくつかのパターンの骨格をつくり、肉づけしていくのだ。

ありうるシナリオを多く準備しておけば、状況の変化にも素早く対応できる。大切なのは「いつどうなるか、わからない」という視点でシナリオをつくることだ。

## 不確実な世の中を生き抜くための備え

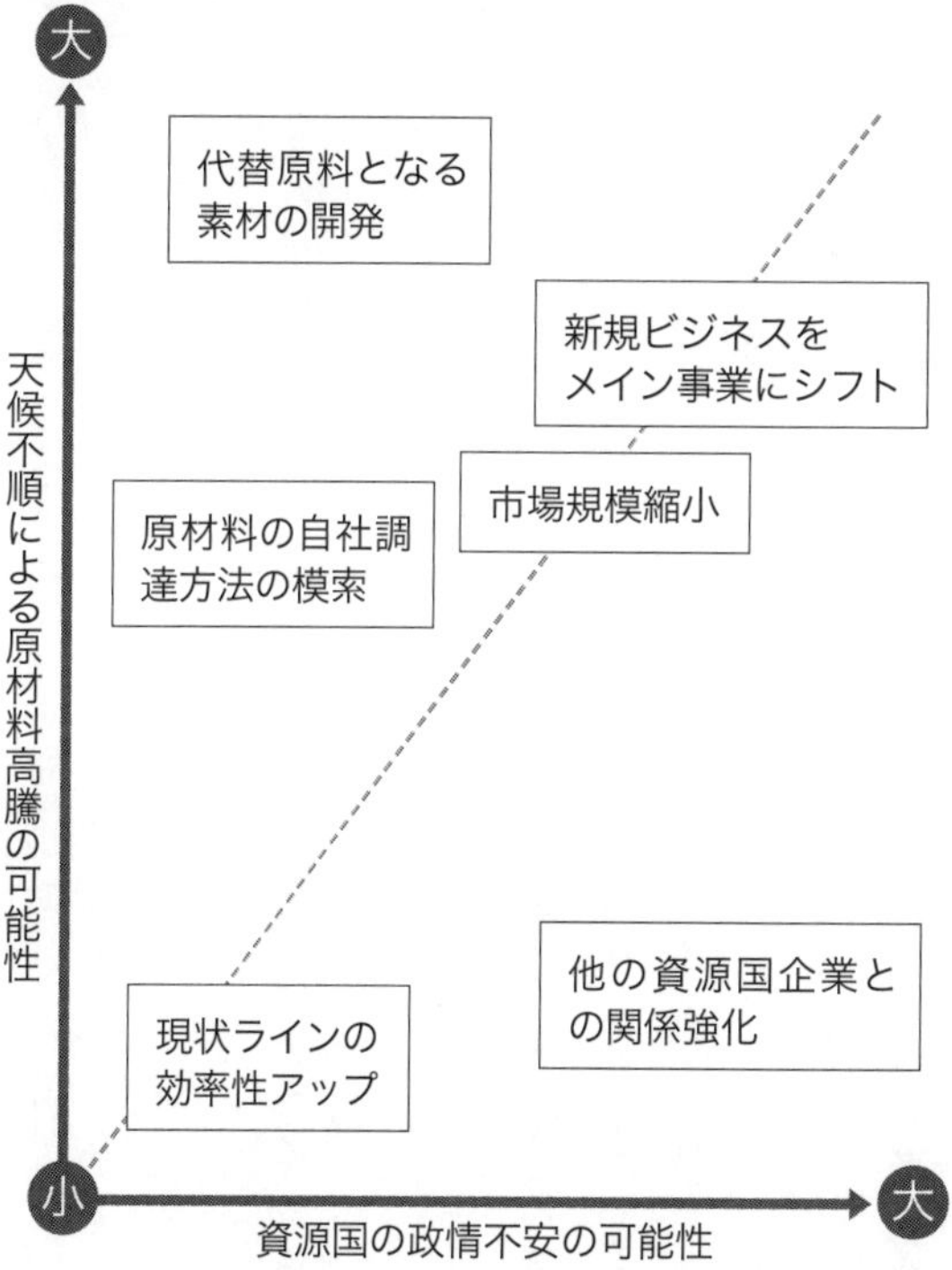
大
代替原料となる素材の開発
新規ビジネスをメイン事業にシフト
天候不順による原材料高騰の可能性
原材料の自社調達方法の模索
市場規模縮小
他の資源国企業との関係強化
現状ラインの効率性アップ
小
大
資源国の政情不安の可能性

あらゆる可能性を考慮して、どんな変化にも対応できるようプランニングしておく現在の小学生の半数以上は、現在ではまだ存在していない職業に就くといわれている。この荒唐無稽に思えるようなシナリオも現実になる可能性が十分にある以上、描くべきシナリオは多いほうがいいことは間違いないだろう。

## リスクの見積もりに失敗すると、問題は大きくなる

大きなプロジェクトを計画して実行する場合には、事前にどのようなリスクが潜んでいるのかを洗い出し、リスクを軽減させる対策を練っておくことが重要である。こうしたプロセスを「リスクアセスメント」というが、まずはプロジェクトにかかわるメンバー全員で想定されるリスクをすべて洗い出すのが先決だ。ここでモレがあると、まさかの事態が起こった時に対応できずにプロジェクトの成否を左右しかねない。次に、縦軸に発生頻度、横軸に危険度を配したマトリクスをつくり、リストアップしたリスクをマッピングしてリスクの程度を見積る。そして、発生頻度や危険度が高そうなものから順に軽減策を立てておくのだ。

## リスクを先取りしてチャンスに変える

①リスクを想定する

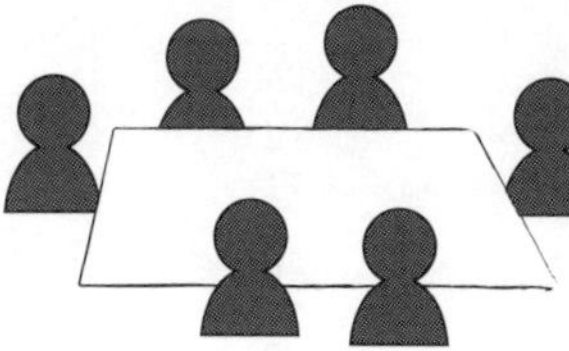

プロジェクトにかかわる
メンバー全員でリスクを
徹底的に洗い出す

②マトリクスにマッピングする

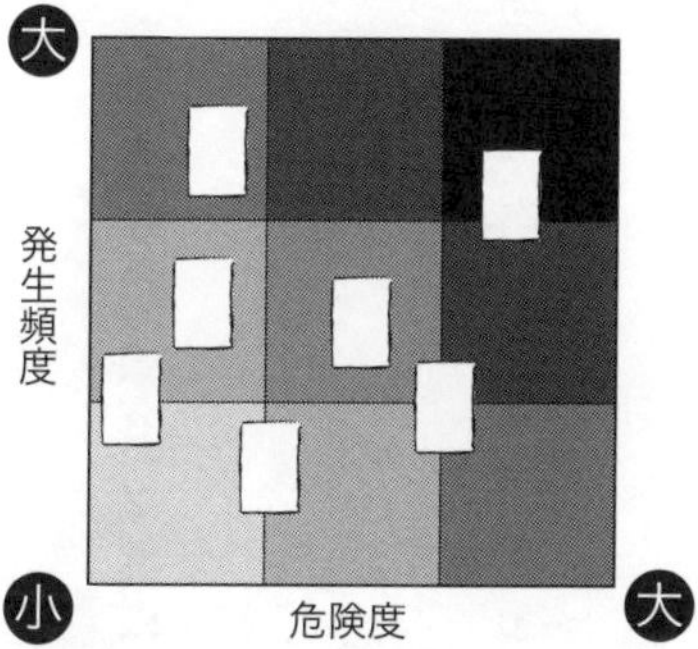


③軽減策を検討する

選択肢
- 避ける
- コントロールする
- 織り込む
- 専門家に委譲するなど

回避できるものは回避し、それが無理ならリスクが発生しない状況に舵を切る。コントロールさえできればピンチをチャンスに変えられる可能性もある。やみくもにリスクを恐れるのではなく、リスクとどう向き合っていくかがカギになるのだ。

## 自分の優位な〝立ち位置〟を見つければ、ドツボにはまらない

業界や市場において自社や自社の製品がどのようなポジションにあるかを把握するのは、販売戦略などを立てるうえで欠かせないことである。

たとえば新商品を例にとると、競合商品がすでに激戦を繰り広げている領域にわざわざ踏み込んでいくより、他社とかぶらないように〝すき間〟を探し、そこで顧客に販促をかけたほうが勝算もある。そこで、それらがどのような位置にいるかを知りたい時に使うのが「ポジショニングマップ」である。このマップを分析することで、他社と差別化できる優位な立ち位置を見つけることができるのだ。

ポジショニングマップは、一般的に縦と横の2つの軸を組み合わせて描かれる。

## ポジショニングマップのつくり方

①同業他社の商品をマップの中に書き入れる

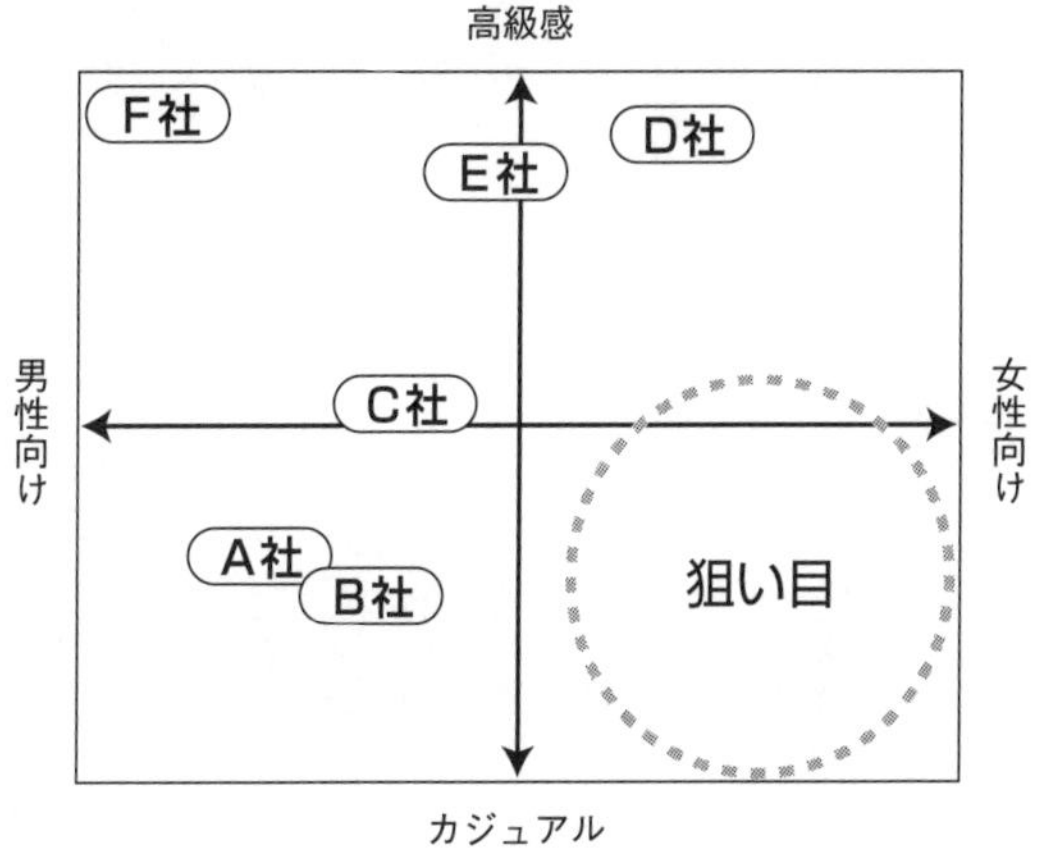


②どのポジションに入れば自社の商品が優位に立てるかを考える

たとえば、縦軸には購買決定要素となる「高級感」や「カジュアル」など各社の商品の持つ特徴となる要素を置く。そして、横軸には「女性向け」「男性向け」などターゲットを置いて、各社の商品がどの領域にあるのかを書き込んでいくという具合である。マップの中で各社の商品が密集している領域があれば、そこはいうまでもなく各社がしのぎを削る競争の激しいエリアになるので、この領域に手を出しても限られた顧客を奪い合うだけだ。効果的に売上げを伸ばせるとは考えにくい。

一方で、空白の領域があれば、そこにはまだ他社が乗り出していない新しいポジションということになる。このエリアにうまく商品を投入できれば、他社との差別化が図れて激しいシェア争いに巻き込まれることもない。自社商品の独自性を発揮して、大きな利益につなげることも可能なのである。

ただし、他社がそれまで踏み込んでいないということは、そのエリアでの収益が難しいということも考えられる。ターゲットとなる顧客がそもそも薄いエリアだったり、何か技術的に問題があって手が出せないということもある。

優位となるポジションがなかなか見つからない場合には、いろいろな組み合わせを考えながら何度も購買決定要因となる要素を変えて分析してみるといい。

Step
5

# 正しい解決法は、正しい「分析」にはじまる

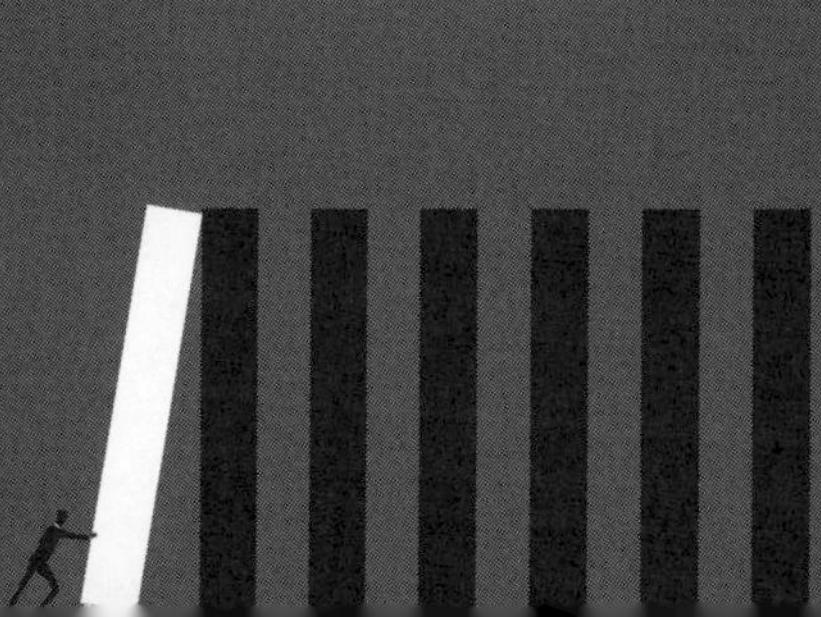

## AI分析には「魅力的なストーリー」をつけてこそ価値がある

ＡＩがビジネスの場で強力な戦力になっているのは明らかだ。大量の顧客データを分析したり、さまざまな条件を網羅して処理するなどの場面では、欠かせないツールになっている。

しかし、ＡＩには、データ分析をして実現の可能性が高いプロットを提示することはできても、データにないものを加味することができない。一方で、「ないものをつくる」という創造力は人間の十八番だといえる。

そこで、「ＡＩ×人間」が最強のタッグになる方法を考えてみよう。

まず、ＡＩに過去のデータや周辺情報の分析を任せる。パターンを正確に読み取り、過去のデータに基づいた正確な予測やシミュレーションを素早く作成できるだろう。

その予測にあったストーリーを生み出すのは人間の役目だ。どんなに緻密に作成された企画でも、それを聞く人の心に響かなければ役に立たない。

感情に訴えるというのは、実現に欠かせない強力な武器になるのである。

どんなに美味しい料理をつくっても、無味乾燥な紙の皿に載せて、雑に提供したら台無しだ。どんな器を使うか、テーブルセッティングはどうするか、ＢＧＭ、照明、提供するタイミングなどを工夫することで、その味と魅力は何倍、何十倍にもなる。

いったい誰のための企画なのか、決定権をもつのは誰か、どのような評価をされたいのか。それらを考慮して心を打つ言葉を選び、魅力的なストーリーを紡ぎ出してみたい。

## グループに分けて考えるのが問題解決のためのポイント

今日のテーマは「塩」です。このテーマについてさまざまな角度から情報を分析してくださいといわれたら、いったいどのようにして始めるだろうか。

多くの人はノートや紙の真ん中に「塩」と書いて、そこから「塩の定義」とか「塩の種類」、「塩の歴史」などというように、テーマを軸にして情報を掘り下げようとするのではないだろうか。

だが、このような垂直に掘り下げる考え方では、ある程度まで調べると行き詰まるし、誰がやってもほとんど同じような内容になってしまうことが多い。これでは、誰もがあっと驚くような情報や結論にたどり着くことはできないだろう。

じつは、情報を分析する時に必要なのは、狭い範囲の情報だけではなく多岐にわたる幅広い情報だ。

そこで、ひとつの物事についてより広く、そして時には深く情報を集めて検討するためには、まずテーマとなっているものが属している「ひとつ上のグループ」は何かと考えてみるといい。

ひとつ上のグループとは〝大きなくくり〟のことである。

たとえば、「リンゴ」ならひとつ上のグループは「果物」であり、「小説」であれば「書籍」、「冷蔵庫」であれば「白モノ家電」などといった具合だ。

となると、塩の場合なら大きなくくりは「調味料」である。

そして、そこからもう一度下のグループに戻り、先に塩と書いていた部分にそのほかの調味料、砂糖やしょうゆ、みそ、酢などの調味料を列記していくのだ。もちろん、列記した砂糖やしょうゆなどについても、塩と同じように定義や種類などを調べていくのである。

このように、テーマの塩と横につながるものの情報を集めていくと、思いもよらなかったような発見にたどり着き、それらが〝化学反応〟を起こして意外なアイデアにつながることがあるのだ。

さらに、さまざまな情報を掛け合わせて追求していくことで、深みも幅もある思考ができるようになる。

グループをひとつ上がって、ひとつ下がる――。ぜひ覚えておきたい分析方法だ。

## 根本の原因は「なぜなぜ分析」であぶり出す

トラブルが起こると、なぜそういう事態になったのか、原因を究明して再発防止に役立てなくてはならない。しかし、これがなかなか難しい。多くの場合は、表面的な問題を解決しただけで終わってしまい、根本的な原因にまでたどり着けないからである。

そこで試してほしいのが、「なぜ？」を繰り返してトラブルの原因を掘り下げていくという「なぜなぜ分析」だ。これは、トヨタ自動車工業の元副社長である大野耐一氏が著書『トヨタ生産方式』（ダイヤモンド社）の中で提唱した手法で、「なぜ？」を一度だけではなく、5回繰り返していくことでトラブルの根っことなっているのは何かを探っていくものだ。

うまく根本原因にたどり着くコツは、トラブルの要因を論理的に漏れなく出していくことだ。

「Aさんが失敗したから」などと誰かに責任を押しつけたり、ただの言い訳のような回答では問題は解決しない。

組織としてどう仕組みを変えればいいのかを考えた回答を出すことが大切なのである。

## 問題のモトを見つけて根本的に解決する

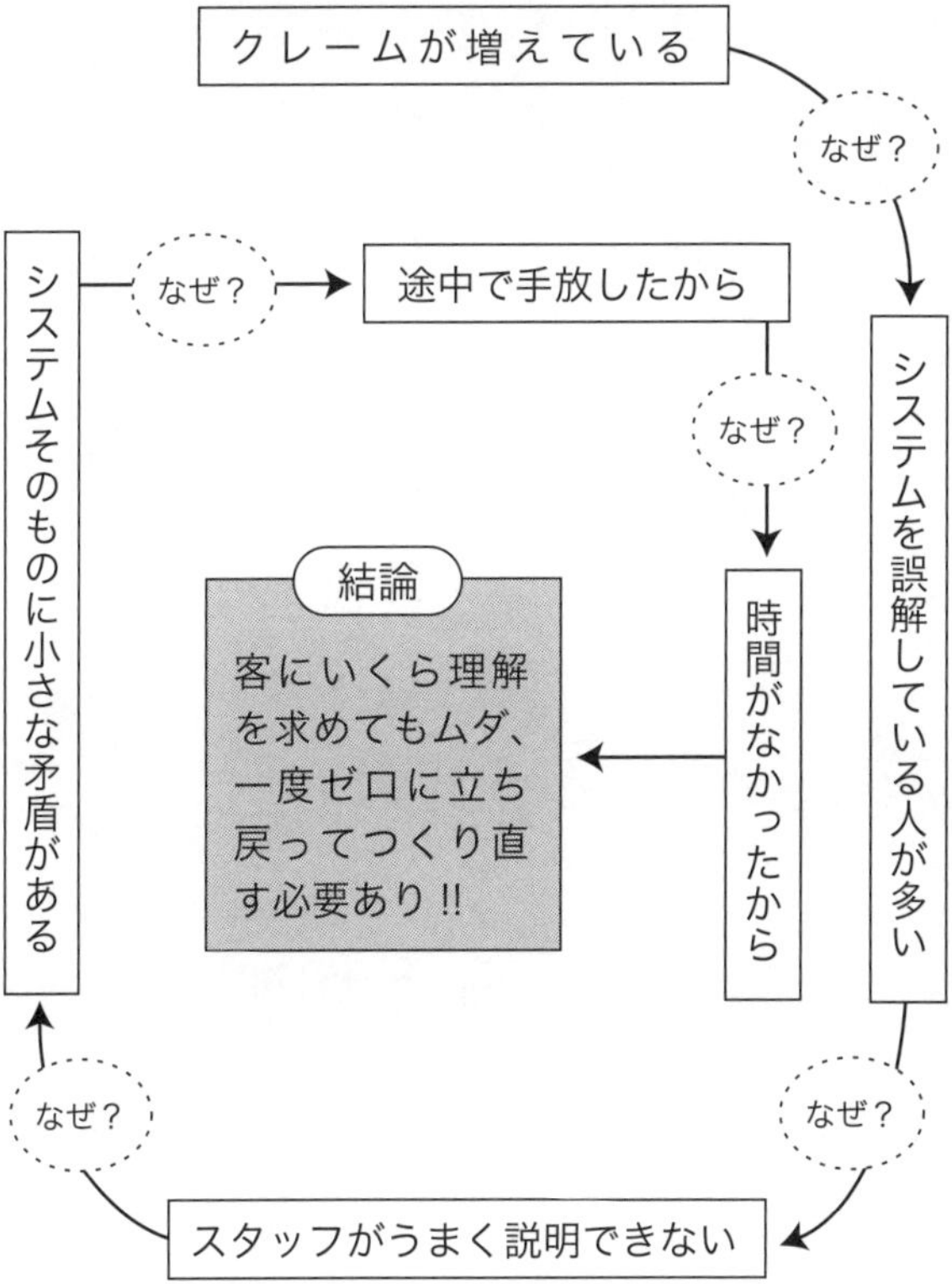
クレームが増えている
なぜ？
システムを誤解している人が多い
なぜ？
スタッフがうまく説明できない
なぜ？
システムそのものに小さな矛盾がある
なぜ？
途中で手放したから
なぜ？
時間がなかったから
結論
客にいくら理解を求めてもムダ、一度ゼロに立ち戻ってつくり直す必要あり!!

## 図解にできないものは、どこかに「矛盾」がある証拠

企画書などではその内容を説明する文章とともに、それらを補足する図表やチャートがよく用いられる。きれいな図表やチャートがさまざまな色を駆使して入っていると、文字だけの企画書よりもわかりやすくて断然インパクトがあるものだ。

だがよく見てみると、「そういうことか！」とひと目で納得できる図表もあれば、何を説明しようとしているのかさっぱりわからないものもある。図にすることがかえってマイナスになることもあるのだ。

なぜ、わざわざ図解にしてあるのに理解してもらえないのか。それは、もともとの理論展開に矛盾があることが少なくない。

たとえば、「サマーキャンペーンで前年比の2倍の売上げをめざす！」としているものの、そもそもなぜサマーキャンペーンが必要なのか、どういう計画のもとで売上げを2倍にするのか、その根拠があいまいだと図解にしたところで何の説得力

もない。

こういう企画書は多くの場合が最初にテーマと結論ありきで、その根拠として提示されている図表はこじつけだったりするものだ。

またよく見かけるのが、「夏はビールの売れ行きが伸びるから、ビールを核にしたキャンペーンを展開する」と説明があり、そこに年間のビールの出荷量のグラフとともに、予想されるキャンペーンの効果を図解にしたものが描かれているような企画書だ。

すると、ほかの季節に比べて夏はビールの出荷量が増えるので、たしかにこれなら説得力があるように思える。

だが、ビールの出荷量自体が年々減少していることは、よくテレビや新聞で取り上げられてニュースになっている。

そうなると、日本人全体のビールの消費量が減っているなかで、ビールにスポットを当てたキャンペーンにどこまで説得力があるのか疑問になってくる。

それを単純に「夏＝ビール」で押し通そうとしても、見る人が見れば納得できない企画書になってしまうのだ。

辻褄が合わないと感じたら、そのプランは潔く〝ボツ〟にする勇気が必要だ。

## キチンと結果を出す人は問題を分析するだけでは満足しない

競争社会のなかで生き残っていくために、経営改善のためのプランを一般の社員から募集する会社は少なくない。

こんな時、現場にいる社員はふだん自分が感じていることを提案しようとしてつい張り切ってしまうものだ。気持ちはわかるが、何の根拠も裏づけもないアイデアはすぐに見透かされてしまうだろう。たとえば、

「もっと客を呼び込むために、駅前の目立つ場所に店舗を構えましょう」

「うちの店はレジ待ちが長いと不評なようなので、あと2台設置しましょう」

などは、どちらももっともな提案ではあるが、それを実現するにはコストがかかる。

もし会社にこのような提案をしようとすれば、もっと具体的な説明が必要だ。どれだけ投資が必要で経費はどれくらいなのか、その結果、売上げが確実に伸びると

いう裏づけがなければ採用されない。

そこで、提案を単なる思いつきだと思われないためには、まずは相関関係を分析してみることだ。表計算ソフトのエクセルを使えば、冒頭のようなプランと売上高の関係はすぐにわかる。

たとえば、「うちの店はレジ待ちの時間が長いことが敬遠されて、来店者数が伸びないのでは？」と感じているのであれば、まず客1人につきどれくらいのレジ待ちの時間があるのかを調べ、他の店と比較して分析してみるのである。

その結果、レジ待ちの時間の長さと来店した客数に密接な相関関係が見られたら、自信を持って「レジを増やしましょう」と提案できる。

だが、それがはっきりとしない微妙な結果が出た場合は、ほかにもっとお金をかけずに工夫することで経営改善につなげられないかを具体的に考えてみる必要がある。

どれだけ経営改善のプランを出しても採用されないという時には、このような分析と解決策をワンセットにして説得してみると、会社の経営陣や上司の心を動かすことができるようになる。

分析がすんだらゴールではない。それをいかに相手に伝えるかというところに意味があるのだ。

## あらゆる問題を検討した人の報告書には3つの「R」がある

ビジネスパーソンの毎日の業務のなかで欠かせないのが、報告書の作成と上司への提出だ。しかし、ただ書いて出せばいいというわけではない。簡潔で要領を得た報告書をまとめるにはやはりコツがあるのだ。

まず、ここでやってはいけないのが、見たまま、聞いたまま、感じたままをだらだらと書くことだ。これでは何を言いたいのかまったく要領をえないし、単に自分の感想を記しただけの調査報告書は、いくら読みやすくとも報告書とはいえない。そこにはより主体的で具体的な内容が必要なのである。

そこで、必ず盛り込みたいのが「3Ｒ」だ。

3Ｒとは「research（リサーチ）＝調査」、「result（リザルト）＝成果」、そして

「risk（リスク）＝危険」のことを指している。

まずリサーチ（調査）だが、本やインターネットで調べたことをただ書くのではなく、できるだけ自分で実際に現場に足を運び、自分の目で見たことを報告する。伝聞だけではいまひとつ説得力に欠けるのは明らかで、真偽のほども確実とはいえない。

またリザルト（成果）は、調査結果から考えられる自分なりの結論やそれに基づくプランのことである。報告書であれば客観的に結果だけを報告し、その判断は相手に委ねてもいいが、そのような指示をあえて受けていない場合は、自分なりの意見を書き加えるべきだろう。

なぜなら、上司がその報告書を読む時のひとつの判断材料にするからだ。そうでないと「ただ現場を見てきただけ」という判断を下されてしまう可能性がある。

一方、3番目のリスク（危険）とは、調査結果から必然的に想定できる今後の危険性のことである。そのまま放置しておくと、今後どのようなことが考えられるか、またすぐ手を打てばどこまでリスクを回避できるのかを記すのである。

このような「3R」を盛り込んだ報告書をまとめれば、調査はより具体的な内容となって正確に伝えられ、自分に対する評価はワンランク上がるはずだ。

ともすれば、事実関係だけを並べたものになりがちな報告書も書き方さえ少し工夫すれば読み応えのある内容に大変身するのである。

## 自分の中のふつうの感覚を侮ってはいけない

タイムカードのある会社で働いている人なら、毎日、同じ駅から同じ電車に乗って、いつもの道を歩いて通勤しているという人は多いだろう。

何年も、毎日毎日そんな同じような日々を送っているのをつまらないと感じる人も多いかもしれないが、あながちそうとも言い切れない。じつは、そんな行動こそ統計学でいうところの大切な「ふつうの感覚」を磨くチャンスなのだ。

なぜなら、同じ時間に同じところにいる、同じ場所を通るというのは、いわば定点観測のようなものだからだ。

たとえば、何気なく電車内の乗客を見ていて「以前に比べて女性より男性のほうが肥満率が高くなっているような気がする」とか、「朝の通勤電車に乗っている小学生の数が年々増えている」などと感じることは、同じ条件のもとで比較しなくては気づくことはできない。

このような微妙な変化を察知する感覚を磨けば、ビジネスなどで相手を説得するためのいい素材になるのだ。もちろん、何の証拠もなしに「最近は、女性より男性のほうが肥満率が高いのではないかという気がします」と言ったところで、その〝感じ〟を相手に受け入れてもらえなければ説得力に欠けてしまう。そこで、データの出番である。つまり、自分が日常生活で得た感覚を数字で客観的に証明してみるのだ。自分が感じたことを公的なデータとつき合せてみてもいいだろう。

男性の肥満率が気になるのであれば、厚生労働省などから出ている日本人男性の体重増加率の推移を見てみたり、朝の通勤電車に乗っている小学生の増え方が気になるのであれば、その地域の公立小学校と周辺地域の私立小学校の入学者数の変化や、小学校の受験者の推移などが役に立つかもしれない。

実際、自分が感じた変化と統計学が示す数字に驚くほどかけ離れた結果が出ることはほとんどない。

このようなちょっとした訓練で問題解決のセンスを磨くことができるのだ。

## 最後のツメが甘い時は「フロー型図解」が武器になる！

組織のなかで働いている限り、仲間うちで情報を共有することは仕事の成否を占ううえでの重要な要素となる。情報を共有する際には口頭で簡単にすませられることもあるが、しかし、それだけでは伝わりきらない場合もある。

たとえば、大きなプロジェクトの進捗状況をチームのなかで報告しなくてはならないような時は、「マーケット調査は先月の第1期でおおむねすんでいます。その2週間後の第2期では試作に入りました。続く第3期では…」などと、この程度の内容なら口頭で説明しても理解できる。

だが、そこへそれぞれの具体的な戦略や消費者の反応など、付随する要素を加えようとするとたんに全体の流れはつかみにくくなる。

こんな時は、やはり図解にして情報をわかりやすく可視化するのが最善の方法である。特に、時間の流れとプロセスの関係を表したい場合には、「フロー型」の図解が最適だ。

これはいわゆるフローチャートと呼ばれるもので、一定方向の時間軸に向かって進んでいるプロジェクトを工程ごとにフレーム化し、時系列でまとめていくものである。この図の優れているところは、ある工程では時間の流れが逆行していたり、複数の工程が同時並行することを表しつつも、全体ではちゃんと同じ方向（ゴール）に向かっていることがわかる点だ。

時間的な流れを可視化できるとともに、そのプロジェクトの停滞部分や課題となるところや問題点の原因、結果なども浮き彫りにできる。また、「主流」に対して同時進行する「支流」関連のプロジェクト情報を書き込むこともたやすい。

文字だらけの報告書と異なり、誰の目にもわかりやすく、また追加項目や修正の書き込みも簡単だ。それに一度、枠組みをつくってしまえば、それをたたき台にしてさまざまな形にアレンジできるのも大きなメリットである。

この形で情報を共有すると、それを見た誰もがプロジェクトの分析に参加できるようになる。現状を客観視するためにもぜひ取り入れたい手法だ。

## データの裏側に潜む、誰も気づいていない〝物語〟を探せ！

新聞の経済欄を見てみると、そこにはさまざまな企業のデータが大きく見出しとして躍っているが、それらの数字が意味することに正しく反応できているだろうか。たとえば「営業利益2割増！」とか「最終赤字６００億円」、「売上高20パーセント減」など、それだけを見るとただの味気ない数字だが、このデータの裏にはじつは誰も気づいていない〝大きな物語〟が隠されているのだ。

いうまでもなく企業は日々活動している。世の中の状況を判断しながら競合他社の動向にも注視し、顧客によりよいアプローチをするためのさまざまな戦略のもとで利益を出すべく努力している。にもかかわらず、順調に業績を伸ばしている企業があれば、苦戦を強いられている企業もあるのが現実だ。上っ面の事実だけを見ていてはその企業の本当の姿を見誤るのだ。

たとえば、大型ショッピングモールを運営するA社とB社があり、A社は業績が

## 数字の裏にある物語を考えてみる

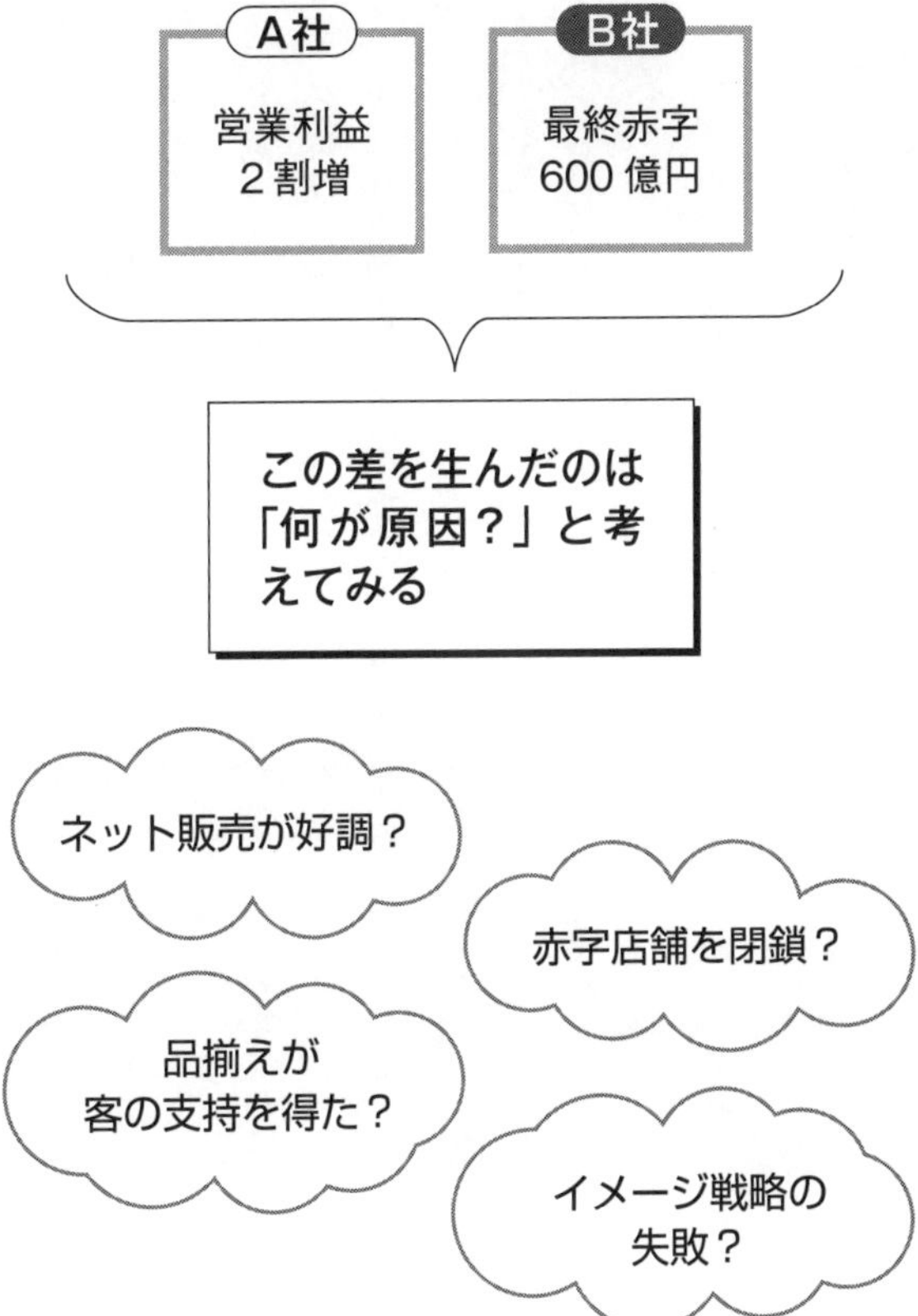
A社
営業利益
2割増
B社
最終赤字
600億円
この差を生んだのは「何が原因？」と考えてみる
ネット販売が好調？
赤字店舗を閉鎖？
品揃えが
客の支持を得た？
イメージ戦略の
失敗？

順調に伸びていて、B社は赤字を出してしまったとする。

一見すると、どちらも似たようなテナントを揃えていて、休日ともなると大勢のカップルや家族連れでにぎわっているように見えたのに、なぜそんなに差がついてしまったのだろうか。

こんなふうに考えてモールのなかを振り返ってみると、「そういえば…」といくつか思い当たる節があるのではないだろうか。

たとえば、A社は商品単価は高めだが生鮮食品は新鮮で品揃えが幅広い。一方のB社は安さばかりを強調している気がする。しかもB社の店舗はどこか暗い感じがするが、それが客離れにも関係しているのかもしれない。

そういえば、A社はアジアに進出したと聞いたが、それが業績アップにつながったのだろうか…。

というように、自分が感じていることをもとにして公表されている数字の背後で何が起きているのかを冷静に考えてみるのだ。

このように数字を裏読みするクセをつけておくと、世の中のメカニズムが見えてくるようになるはずだ。

# Step 6

# めげない、へこたれない…問題解決力のある人の思考法

## AI時代の課題解決に必要なのは「経済」よりも「哲学」

ＡＩ技術は、社会のさまざまな分野で作業を効率化し、経済の発展に活用されている。多くの点において、ＡＩの能力が人間を超えていることは事実であり、これからもさらにその差は開いていくだろう。

一方で、ＡＩを活用するなかで懸念するべき問題も多い。たとえば、医療現場でＡＩが使われた時、万が一ミスがあったら誰が責任を負うのかということを考えてみる。

画像診断やロボット手術など、医療現場でもＡＩの活躍は目覚ましいが、もちろん精度は１００パーセントではない。

「ＡＩによれば◯◯という診断でしたが、実際は△△でした」

「ロボット手術の結果、合併症が生じました」

ＡＩによる致命的なミスが生じてこんな説明を受けたとしたら、患者は納得できるだろうか。

また、自動運転機能を使った車が事故を起こした時、被害者は「ＡＩは人間よりもミスが少ないのだから、事故はしかたがない」と納得できるだろうか。

どこまでの作業をＡＩに任せるか、相手にどうやって説明するのか。そこでは、経済効率を重視した考え方より、人間だけが持つ哲学や倫理という視点がカギになる。

１００パーセントの結果を保証できない場合、ＡＩを利用すべきかどうか。単純にミスの確率を比較するだけで答えは出ない。人間のためにＡＩが存在するなら、人間がＡＩを超える能力でそれを制御していくべきだろう。

経済と哲学は相反するものではない。ケースバイケースでそれらの視点を取り入れてバランスを取り、問題解決を図っていきたい。

## １日の１パーセントの時間を自分の未来づくりに活かす

２、３年後の自分の姿ならなんとか想像できるものの、それが10年後となるとなかなか難しい。

毎日、寝る間も惜しんでは仕事に没頭し、来月の支払いのことばかり考えている生活では、5年後はおろか、10年後の自分がどうなっているかなど、興味すら湧かないという人も少なくないのではないだろうか。

人は1週間先のことや、1、2カ月先のことには目が向いて何とか努力しようとするが、そんな10年も先のことなど考えたこともないし、かまってはいられないのだろう。

しかし、ちょっと待ってほしい。10年の歳月はあっというまに過ぎてしまう。そこで、1日の1パーセントだけ「10年後」のために考える時間をつくってほしいのだ。

1日は24時間、分に直すと1440分もある。その1パーセントといえば、およそ15分になる。

その15分を10年後に「自分は○○になりたい」「○○を達成したい」、あるいは「○○な老後を送りたい」という目標づくりのための時間に費やすのだ。

朝、起きてからの15分でもいいし、通勤電車のなかでスマホをいじる暇があったら10年後の目標を達成するために15分だけ集中して計画を練るのだ。ランチを食べ終わった後の昼休みの4分の1の時間をそれに費やしてもいいし、帰宅後に時間をつくってもいい。

大切なのは、毎日、決まった時間に行うこと。その時間帯にいったん立ち止まって〝10年後の自分づくり〟のためだけに時間を費やすのである。

そのための専門書や自己啓発などの本を読んでもいいし、資料を集めて整理をするのもいい。インターネットで最新の情報を集めてもいいだろう。

とにかく、15分の間は目の前にある「問題」を忘れ、来るべき10年後に特化した未来の自分を創造するために時間を使うのだ。

それを毎日、コツコツと続けることによって目標が常に自身の視野に存在することになり、目標達成がしだいに現実味を帯びてくる。

すると、毎日それに関連した、やらなくてはならないことが見えてくるようになるはずだ。

フランスの小説家であるサン＝テグジュペリは、「計画のない目標は、ただの願い事」だと言っている。

10年後には、10年前に描いた夢が現実となっているはずだ。

## 経営の神様のやり方を丸ごとマネてはいけない

経営の神様とか経営の達人、経営の巨星と呼ばれた成功者のサクセスストーリーや名言は、ビジネスだけでなく私たちの人生にも多くの励ましやヒントを残してくれている。彼らの残した言葉を座右の銘にしている人も多いはずだ。

しかし時代を問わず、成功者のサクセスストーリーに必要以上に期待して心を躍らせることはやめておいたほうがいい。

その成功談を1から10まで見習って、その通りに再現することで、困難を乗り越え、成功を引き寄せようと思わないことだ。

それは時代が違うからとか、そもそも彼らのような才能と頑強な精神を持ち合わせていないからという単純な理由からではない。

人は、人の数だけ能力や思想、体形、顔の形、生まれた環境、年齢もそれぞれ違うというのは当然のこと。まさに百人いれば、百通りで、クローン人間などは存在しないのだ。

それを「自分もあの人のようになって、世間をあっと言わせたい」とか「自分にもできる」などと考えると、どんどん自分が苦しくなっていく。

そもそも頭のてっぺんから足のつま先に至るまで、丸ごとマネてみようというのは土台無理な話なのだ。

ちなみに、あなたが成功者と同じことをしてうまくいったとしても、けっして同じ結果が生まれるとは限らない。

もちろん、彼らの考え方やピンチの乗り越え方に刺激を受けたり、大いに参考にすることはムダではない。しかし、不必要に憧れたりするのは時間の浪費そのものだ。

それよりは、失敗を「糧」にしながら、自分のやり方でサクセスストーリーをつくるべきである。

## 「目標」はいくつかに分け、低めに設定する

ふだん運動をしていない人が、半年後までにフルマラソンを走れるようになるかといわれれば、やはりそれは厳しい。では、10キロだったらどうか。これなら意外と楽に達成できそうな気がしてこないだろうか。

ビジネスでもなんでも、プレッシャーに押しつぶされやすい人はいる。特に几帳面だったり完璧主義者だったりする人は、大きすぎる目標を掲げすぎて自分を追い込んでしまいがちだ。

「目標は大きければ大きいほどいい」というのは否定しないが、より現実的に考えるなら少し視点を変えてみよう。目標はできるだけ分割するのがコツだ。

まったく運動をしていない人が半年後に42・195キロメートルを完走するなら、まずはウォーキング、次はジョギングで1キロメートル、そしてまたその次は3キロメートルと、距離を伸ばしていくのが現実的だ。

これと同じで、目標は何段階かに分けて設定する。そして個々の目標はあくまでも低めに設定するのがポイントだ。そうすればクリアした時の達成感が、次のステップへのモチベーションにつながるのだ。

## 「昔のやり方」＋「新しいやり方」で考える力をつける

アスリートが上達するのにもっとも手っ取り早いコツは何かといえば、自分が目指す選手のモノマネをすることだ。

これは多くのプロアスリートが口をそろえて言うことであり、特に幼少期や学生時代など、その競技に取り組み始めた頃には効果てきめんらしい。

スポーツに限らず、何かを取得するには理想とする人のモノマネをするのは有効だ。

もちろん、音楽や絵画など感性によるところが大きい分野に関してはその限りではないが、基礎の部分でうまい人のやり方をマネるのは、けっして悪いやり方ではないだろう。

たとえば、「考える力」など、ビジネスパーソンの能力を高めるのにもこのやり方は有効だ。憧れる実業家がいたら、著書やインタビュー記事などでその人がどのような思考をしているかを紐解き、そっくりそのままマネてみるといい。

仮に業種や職種が違ったとしても、考える力の基礎となる部分においてはジャンルを超えて取り入れるものがあるはずだ。

若いうちは何かと新しいものに目がいきがちだが、やはり先人の成功者にはしっかりとしたメソッドがあったりする。

昔のやり方でも有効なものはベーシックなものとして取り入れ、そこから自分なりの新しいやり方を構築するのが賢い能力の高め方だ。

## 立ち向かう気力がない時の「1行伝言」のススメ

理由はともかく、ちょっとした気配りを怠ったことでつまらない失敗をした経験は誰でも一度や二度はあるだろう。

特に急いで仕事を片づけようとした時などは、トラブルも起きやすい。しかし、こんなことが続けばモチベーションが下がってしまうのも当然だ。

そんなミスを防ぐには、就寝前の1分間にちょっとした工夫をするといい。それは、自分で自分に伝言する「1行伝言法」の実践である。

これは同じ失敗を二度と起こさないように、その失敗した原因を振り返り、自分は何を心がければいいのかを寝る前に紙に1行で書いてみるのである。

たとえば、忙しさにかまけて手帳に書き留めた得意先への連絡を忘れたのなら、「手帳を見る」と枕元に置いたノートに書く。そして、朝起きたら家を出る前に必ずこの伝言を見るように習慣づけるのだ。

すると「よし、今日は必ず手帳を確認しよう」と自分に言い聞かせるようになるので、同じ失敗をすることが少なくなるというわけだ。

ただし、この1行の伝言は標語のように簡潔で、モチベーションが上がるようにするのがポイントだ。

「○○会社○○課長へ連絡を忘れるな」などと書いてしまうと、忘れてはならないということがプレッシャーになってしまい、これから寝ようとする時に余計な心配を抱えるのは睡眠不足になりかねない。

失敗した理由を明らかにするというよりも、同じ失敗を繰り返さないようにするには何を心がければいいのか、もっと仕事を効率よくできるように自分にアドバイスするように書くのである。

そうでないと、ただの反省文となりモチベーションが上がるどころか、いつまでも昨日の失敗を引きずるような結果になってしまいかねない。

「ゆっくり、確実に」や「明るく、挨拶」などでもいいだろう。1行伝言法はあくまでも自分への励ましなのである。この1行伝言を日記のようにクセをつけて書くと、毎日のモチベーションのアップにつなげることができるはずだ。

## 目標達成率1パーセントアップで底力が湧いてくる！

あなたはふだん、自分の仕事の達成度に対する目標設定を何パーセントにおいているだろうか。

ほどほどに「80パーセントくらい」という人もいれば、完璧にこなしたいから「100パーセント」という人もいるだろう。高い向上心を持っている人なら「120パーセント」と答えるかもしれない。

だが、他の誰よりも上を目指したいと思うなら、目標設定はさらに1パーセント上乗せして「121パーセント」にすることをおすすめしたい。

100パーセント以上の上乗せ分は、いわば付加価値である。その月のノルマを達成する、つまり目標を100パーセントこなす仕事をしているだけではドングリの背比べ状態から抜け出せないのだ。

そこから20パーセント多く仕事をすることで付加価値のある人間として認識されるのである。しかも、それは自分にとって大きな飛躍につながるのだ。

しかし、そこで満足してはいけない。

たとえば、営業マンなら新規の顧客開拓数を達成したとしても、あと1件増やすために何ができるか行動してみるのだ。

また、ビジネススキルを高める本を1冊読み終えたら、必ず誰かにその内容をアウトプットするなど、目標を達成したところからさらに〝ちょっとした努力〟をつけ加えることを習慣にするのだ。

120パーセントの仕事を達成したあとにプラス1パーセントの努力をすることで、次の仕事の時には121パーセントの自分からスタートすることができる。

それを10回重ねていけば、120パーセントの仕事をしている人よりもさらに仕事力が増すことになるのである。

最初からあきらめるのは早計だ。わずか1パーセント多い目標設定が、塵も積もれば何とやらであなたの大きな底力になるというわけである。

## 問題解決の糸口が見つかる行動の起こし方

何度トライしても先の展開がまったく見えずに、途方にくれてしまったことは誰にでもある。

たとえば、営業マンなら新しく担当した商品をどう売っていいのかわからず、場合によってはそれまでの自分に自信を失ってしまうことさえあるかもしれない。

そんな目の前に立ちふさがった壁を乗り越えたいなら、まず行動をすることが何より大切だ。いくら考えても打つ手がわからない時は、くよくよ考えたりせず、手探りでもいいから、とにかくがむしゃらに前に進んでみるのである。そうすれば、なぜ新しい商品が売れないのか、その理由に突き当たるかもしれないからだ。

ただし、いくら〝がむしゃら〟といっても、ただ闇雲に進めばいいというものではない。顧客を訪問したらその話に耳を傾け、身近に参考になる事例がないか目を皿のようにして探し、もし参考になるものがあればそれをしっかりと観察するのである。

このように手探りしながらも行動に移していると、たいていその答えが見つかってくるものだ。

たとえば、それは顧客の「それは○○だから」というひと言にあったり、あるいはライバル商品の売り方からヒントが見つかったりするものなのだ。

つまり、先入観を持たずにただがむしゃらに行動すると、答えを見つけるチャンスが増えるのである。さらに、他人のアドバイスや意見をより多く聞くことで、視野が広がり知識も増えていくのである。

これは言い方を換えると「現場主義」ということにもなる。なぜ問題が起きたかを頭で考えるより、とにかく現場に足を運んで情報を徹底的に収集するのである。迷宮入りしそうな事件でベテランの刑事が「現場百回」と言いながら、何度も事件が起きた場所に通うのと同じである。

それでもどうしても途方にくれた時は、体を動かせば「答えにぶつかる」と考えてみればいいだろう。問題の解決はまず行動することなのだ。

## 勉強意欲がみるみる湧く「テーマすり替え法」

「勉強するぞ！」といざ机の前に座っても、なかなかその気になれないことがある。しかも「これだけは今日中に覚えなければならない」と自分に厳しく命じるほど、なぜか気が散ってしまうものだ。

じつは、このように気持ちと行動が逆になってしまうことを心理学では「心身相反の法則」と呼んでいる。

つまり、「勉強しなければならない」と強く自分にプレッシャーをかければかけるほど、心の底ではそれから逃れようとする気持ちが働いて「できればやらずにすませたい」と思ってしまうのだ。

そこで、こんな心理を克服するのに効果抜群の方法がある。テーマをすり替えてしまえばいいのである。

たとえば、法律の勉強をするのなら、条文を丸暗記するのではなく、そのなかで「疑問に思っていることを調べてみよう」とテーマをわざとすり替えるのだ。

すると、覚えようとしていることが個人情報保護法についてならば、これをより身近なことに置きかえることで、仕事で取引先からもらった名刺はこの法律の対象となるのか、あるいはパソコンにデータとして打ち込んだ自分の住所録も個人情報になるのか、というように次々と疑問がわいてくる。

こうすると、それまで暗記して覚えようとしていた法律の条文に興味が生まれてくるはずだ。そうなれば自然と「もっと知りたい」という気持ちが強くなって、心身相反の法則を克服できるのである。

あるプロ野球選手はこの方法を巧みに利用することでプレッシャーに打ち克ち、高い打率を達成したことが知られている。

その選手はバッターボックスに立つ時に「ヒットを打って塁に出よう」とは考えず、「今日のバッティングフォームはこうしよう」と考えながら打席に立っていたという。

このことによって〝打たねばならない〟というプレッシャーから解放され、逆にフォームに気を配ることでバッティングに気持ちを集中できたのである。

人は気の持ち方を変えるだけで勉強の能率を高められるのだ。

## 「継続は力なり」を証明する15カ月スケジュール術

「継続は力なり」という言葉がある。

これは何事もあきらめずに努力を続ければ、やがてそれは必ず自分のものとなり、実力となって身についてくるという意味だ。

事業でもプロスポーツでも分野を問わず、その道を究めた人たちは必ずといってもいいほどこの言葉を口にする。なかには成功した後もこの言葉を座右の銘にして、日々の努力を怠らない人もいるほどだ。

とはいえ、いくら「続けよう！」と思っていても、いつまでたっても成果が表われないようだとしだいに嫌気もさしてくる。

そこで考えてみたいのは、果たして努力をいつまで続ければいいのだろうかということだ。

じつは、人は15カ月間、毎日同じことを行っていると必ず変化するといわれている。

これはプロのスポーツ選手だけでなく、さまざまな分野の著名人が同じようなことを指摘していることからもうかがえる。さらに、この期間は調査研究をするうえでもひとつの目安として使われている。

たとえば、ある地方自治体が交通安全の対策をした場合、その効果が上がっているかどうかを評価する際に、15カ月後の状況をその調査期間に盛り込むことが多い。

これは、この期間を経過すると、その対策がドライバーの意識に周知されて意識が変化するためだという。

つまり、日々努力を積み重ねるなら、目安として15カ月間を目標に置いてスケジュールを組んでみるといいのだ。

すると、その間は期間を区切ったことで気持ちが引き締まり、「やり遂げよう！」という気になって必然的にモチベーションも高まるはずだ。

そもそも、努力に対してすぐに効果を求めるのは、野菜のタネをまいて、その翌日に収穫を期待するようなものである。

いくら努力をしても成果が出ないと「自分の夢は破れた」と思いがちだが、意外と自分から夢を捨てていることもあるのだ。

## 「エピソード記憶」なら必要なことを一瞬で思い出せる

記憶力の衰えを感じて悩んだことはないだろうか。たとえば社会人になってから本を読むと、学生時代のように一度読んだだけではなかなか覚えられないことがある。じつは、これもやり方さえ変えれば難なく解決することができる。

じつは、記憶には「意味記憶」と「エピソード記憶」のふたつがある。このうち意味記憶とは本を読んだだけで覚える能力だ。これは若い脳ほど力を発揮し、物事を深く考えることなく丸ごと単純に覚えてしまう。

たとえば、学生などは英単語や歴史の年表を何度かそらんじるだけで丸暗記してしまったりする。ただし、この方法の唯一の難点は時間とともに忘れやすいということだ。

これに対してエピソード記憶は、それにまつわる情報を一緒に覚えてしまうことだ。意味記憶のように丸暗記して瞬時に思い出すことはできないが、関連したことを覚えているので端緒となることさえ思い出せれば、あとはイモづる式に記憶を引き出すことができる。

たとえば、「コンプライアンス」という用語を例に挙げてみよう。これを記憶する時に、ただ「法令遵守」と日本語に翻訳した単語をそのまま暗記せずに、ニュースに取り上げられた一連の企業の不祥事も一緒に覚えてしまう。「最近は自動車メーカーの不正行為で企業のコンプライアンスが問われている」と覚えるのだ。

すると、このことが頭に浮かんだ時にコンプライアンスの意味がすぐに出てこなくとも、まず認証不正のニュースを思い出し、そこから企業の違法行為を引き出してみる。

次いで、企業の法令遵守が求められているということから、法令遵守＝コンプライアンスというように、記憶を手繰りよせることができるのである。

こうしてエピソード記憶で覚えておけば丸暗記するよりも忘れにくくなる。

一般に「記憶力がいい」というのは、暗記力である意味記憶が優れているという意味でとらえられがちだが、これが衰えたからといってけっして記憶力が悪くなったわけではない。むしろ、必要な時に必要なことを思い出せるエピソード記憶に優れていたほうが、記憶をすぐに頭の中から引き出せるのである。

## マンネリ化を避けるための「やってみたいことリスト」

毎日、同じような仕事を続けていると、最初はいくらヤル気になって燃えていてもしだいに仕事がマンネリ化し、始めた頃のような面白さがなくなってくるものだ。これを防ぎ、スムーズに仕事をこなしていくためには効果的に気分転換を行いたい。ただし、いくら仕事が忙しいからといって、デスクの前に座ったままコーヒーを飲みながらただボーッと窓の外を見ているだけではあまり効果はない。

これでは、頭や体は休まるかもしれないが、心身共にリフレッシュするとはいいがたいだろう。

そこで、効果的な気分転換をはかるためには、日頃から15～20分程度でできる「やってみたいことリスト」を手帳につくっておくといい。

たとえば、気になっているアーティストの音楽を聴いてみたいとか、近くの公園で季節を感じられる植物を探してみたいとか、あるいは手品を覚えてみたいといったことでもＯＫだ。とにかく何でもいいから興味がある、あるいは興味を持てそうなことで、なおかつ短時間でできることだけを箇条書きにしておくのだ。

こうしておけば、ひと息入れる時にその手帳を取り出して「今日はちょっと公園に行ってみよう」となる。しかも、今やっている仕事とはまったく無関係で、なおかつ興味のあることばかりなので、頭の中の思考を１８０度変えられるのだ。さらに体を動かせば心身共にリフレッシュさせることができるはずだ。

ちなみに、やってみたいことリストには、アフターファイブ用に1〜2時間程度かかることも併せて記入しておくといい。

仕事帰りにこれをちょっと見て、その場所に短時間でも立ち寄れるようにすれば、その日の気分をすっかり変えられるだろう。

これで明日から再び新しい気持ちで仕事に取り組むことができるにちがいない。

## 仕事で1日が終わってしまう人の時間設定の手順

似たような仕事量なのに、なぜか自分だけいつも残業しているような気がしてならない――。こんな時は、自分の処理能力の低さを嘆く前に、1日の時間の使い方を見直すことが先決だ。

仮に、その日やるべき仕事が10あったとしよう。優先順位をつけて朝からコツコツとこなしていくのはけっして間違いではないが、それではその日のうちに確実にすべてをやり遂げられるかどうかは怪しくなってくる。

6割か7割あたりで終業時間になってしまい、翌日に持ち越すか、あるいは残業をしてこなすしかない。

皆と同じにやっているのに遅れをとってしまうのはなぜか。それはズバリ、仕事の処理にかかる時間を設定していないからである。

まず、自分の仕事をざっと並べたら、それらにいったいどのくらいの時間を要するのか見積りを立ててみよう。1の仕事は30分間、2の仕事は1時間、3の仕事はちょっと時間をかけて、しかし昼休みまでには確実に終わらせるといった具合だ。

このように「終わりの時間」をキッチリ決めておけば集中力も格段にアップするし、何より1日の行動にメリハリがつくのだ。もし、決めた時間内に終わらなくてもそこでいったん区切りをつけることが肝心だ。もちろん会議や打ち合わせなど、自分ひとりの仕事ではない場合でも同じように時間を決めるようにしていく。

会議や打ち合わせは、開始時間は決まっていても終了時間まで決められていることは少ない。特に要領を得ず、だらだらと話すタイプの相手は要注意だ。顔を合わせたら真っ先に「15時までに終わらせましょう」とか「きっかり1時間、集中してやりましょう」と言い切ってしまえばいい。

一つひとつの仕事に締め切りを設定することで、これまで以上に仕事の処理能力が向上する。慣れてくれば時間にゆとりができるので、そのぶん周囲よりもスピーディに業務を消化できるようになるはずだ。

時間に追われるのではなく、時間をコントロールする。これができるようになってはじめて、同僚たちの一歩先を行けるのである。

## 2つ以上の問題を同時にクリアするためのすごいコツ

今では「ブラック企業」や「ブラックバイト」の問題で長時間労働は厳しく管理されつつあるものの、人手不足などが原因で何日も残業が続くこともあるはずだ。

もっと効率よく仕事ができればいいのにと思うものの、毎日同じメンバーと顔を合わせては同じ仕事の繰り返しで思考が行き詰まってしまい、時間をかけている割にはたいして進んでいなかったというケースも少なくない。

そもそも、人間の脳というのは同じことを続けていると疲れて飽きやすくなる。

そこで「ちょっと疲れてきたな」と感じる前に休憩をとると、脳がまた元気に動き出すのだが、この休憩時間には仮眠をとったりボーッとして何もしないほうがいいというわけではない。

むしろ、好きな本を読んだり、今やっている仕事とはまったく別の分野のことをしたほうが脳は活性化するのである。

休憩時間にまで本を読んだりすると、脳を酷使して疲れるのではないかと思われるかもしれないが、こと脳に関してはインプットする情報が違えば疲れないようにうまくできているのだ。脳が疲れを感じなければ、仕事はもっと早く進められることもできるというわけだ。

そこで、2つの机を持つことをおすすめする。といっても会社で机は2つもあてがわれないので、自分の机とは別の場所で仕事ができるようにするといい。

たとえば、会議室など空いているスペースを使うのもいいが、場所がなければ外に出るという方法もある。ようするに一方の仕事に飽きてきたと感じたら、場所を変えて別の仕事にとりかかるのである。そして、飽きてきたら元の仕事に戻ればいいい。すると、ひとつの仕事にかける時間は半減するのにそれぞれが効率よく進むのだ。

つまり、内容がまったく違うものを繰り返して行えばその都度、脳の疲れが解消されるのである。

この方法は、短時間で仕事を片づけようとするため集中力が高まり、時間いっぱいまで有効活用できる、まさに一石二鳥の方法なのである。

## 決断するのにいい時間帯、ダメな時間帯の法則

「やるのはいいけれど、果たして成功するのだろうか？」と、なかなか決断できないことがある。熟慮を重ねても達成できる確率は50パーセントと、まるでギャンブルのような決断をしなくてはならない時はなおさらだ。

じつは、こんな場合は仕事が終わった夕方よりも早朝に決断を下すといい結果に結びつきやすい。というのは、誰でも早朝はプラス思考で頭の中もクリアになって

いるからだ。そんな時に「よし、やろう」とチャレンジする気になれば、先の見通しも立てやすくなり、かなりの確率で成功する。

ただ、思考が柔軟な朝に「難しいかもしれない」と迷うようなら、実行しても成功する確率は低いと思っていい。

また、決断しきれずに「もう少し考えてみよう」と夕方まで先延ばしにしているようでは判断を見誤る可能性がある。なぜなら、夕方になるとその日の疲れが溜まってきて思考力が鈍くなっているからだ。早朝はプラス思考だったとしても、疲れているためにマイナス思考に変わってしまい、失敗する理由ばかりがまっ先に頭に浮かんでしまうということにもなりかねない。

すると、たとえ成功する見込みがあっても「やはりやめておこう」とネガティブになってしまうのである。これではチャレンジできないばかりか、あとで「あの時やっておけばよかった」と悔いを残すことにもなりかねない。

また、決断するまでに時間があればすぐに決めずに、2～3日〝塩漬け〟にしてしまうのもひとつの方法である。

すると、最初はできそうに思えたことも、しばらく経つとかなり難しいことに気がつくこともあるし、もちろんその逆も考えられる。

ビジネスで即断即決は重要なファクターのひとつには違いないが、ただいたずらに急ぐのではなく、クリアな頭で考えられる時間帯を選ぶことも必要だ。

## 「反復記憶法」なら覚えるための時間が逆に減らせる！

学生の頃、試験前になると決まって一夜漬けで勉強したはずだ。確かに勉強をやらないより点数は取れるものの、1週間も経つとその内容の大半を忘れてしまっている。完璧に覚えていたはずなのに、なぜかその部分の記憶がなくなっていたという経験はないだろうか。

じつは、これは人間の脳の自然な働きと関係している。そもそも脳は記憶したことを忘れるようにできているのだ。そうでなければ、起きている間に目や耳などから入ってくる情報をすべて脳に蓄積しなければならず、いくら優れた記憶力を持っている人でもすぐにパンクしてしまうからだ。

この脳の仕組みについては有名な実験がある。

それはドイツの心理学者ヘルマン・エビングハウス氏が行った実験だ。彼は学生たちにまったく意味を持たない文字列を記憶させたところ、学生の大半は、20分後にその約42パーセント、1時間後に約56パーセント、9時間後に約64パーセントを忘れており、1週間後まで覚えていた文字列はわずか1割程度に過ぎなかったのである。

なぜこのようなことが起きるのかというと、それは脳の海馬と呼ばれる部分に原因がある。人間の脳は入ってきた情報をまず側頭葉に送り、それをそのまま海馬と呼ばれる部分に移している。ところが、海馬はそのなかから蓄積しなければならないものだけを選んで、それ以外は廃棄してしまうのだ。

蓄積されるのは何度も送られてくる情報で、間隔をあけながら同じ内容が繰り返し入ってくると、脳はそれを忘れてはいけない重要な情報と判断して記憶するのである。この脳の仕組みを理解すれば、何事も1回で記憶しようとはせず、絶対に覚えたいことは何度も繰り返して復習しながら覚えればいい。

そこで実践したいのが「反復記憶法」だ。たとえば、何かのマニュアル本を暗記しようとするなら、2日おきに同じところを繰り返し読みながら頭にたたき込むのだ。すると、薄れていた記憶が鮮明になるばかりでなく、海馬に何度も情報が送られるので、自然と忘れなくなるのである。

覚え方を少し工夫すれば、年齢に関係なく誰でも学習能力を飛躍的に高められるのだ。

## 落ち込んだ気分を一瞬で切り替える「3つのスイッチ」

長い人生、誰にでも失敗はつきものだ。どんなに優秀でも仕事上のミスが一度もないという人はまずいないだろう。問題はその失敗をどのように断ち切るか、である。

同じミスでも、やり直しがきくものと、取り返しのつかない決定的なミスとふた通りある。特に後者の場合、「どうしてあんなことをしてしまったんだろう」「オレはダメな人間だ」と自責の念にとらわれ、いつまでも引きずってしまいがちだ。

だが、どれほどクヨクヨしてもそのミスは帳消しにはならない。起こってしまったものはしかたがないと納得して次へとつなげてこそ、その失敗は活かされるのである。

仕事ができるビジネスマンは頭の切り替えがじつに上手だ。いったいどのように切り替えているかというと、彼らは頭の中に複数のスイッチを持っているのだ。

ひとつは「時間のスイッチ」。たとえば目標の数字が達成できなかったら、自分のなかで1カ月の期限を3カ月に引き延ばしてみる。今月はダメだったが、3カ月後には達成しようと気持ちを切り替えれば、焦りがなくなり落ち着きを取り戻せる。

また、この一度のミスは、向こう10年の自分を考えれば「ほんの一瞬の出来事であると同時に貴重な体験だった」と振り返ることができるはずだ。こんなふうにイメージするだけでも気持ちはラクになるはずだ。

次は「視界のスイッチ」だ。とかく落ち込みやすい人というのは、ただでさえ思い込みが激しかったりするが、自分の考えだけで絶望せずに、できるだけ客観的に物事を見るようにしたほうがいい。

自分は○○だが「仲間は？」「課長は？」、ひいては「会社にとっては？」——。

視点を次々と変えることで、物事を違った方向から眺めてみるのである。

そして最後が「役割のスイッチ」である。これは視界のスイッチをより具体的にしたもので、同僚、上司、取引先など、相手の立場に立って物事を考えてみることである。

ちなみに、仕事術の方法としてよく使われるロールプレイング（役割を決めてその立場を演じてみること）とは、まさにこのこと。立ち位置を変えてイメージを膨らませれば、自分の置かれている状況がまた違って見えるはずである。「あの人はいつもポジティブだ」などといわれる人の多くは、このようなスイッチングを行っているのだ。

## 仕事の段取りを把握するのが問題解決の第一歩

仕事の成果を出すには何も難しいメソッドばかりでなく、シンプルなもので十分うまくいくことも多い。そこで、ひとつの例として挙げたいのが「ＰＤＣＡサイク

## P→D→C→Aの繰り返し

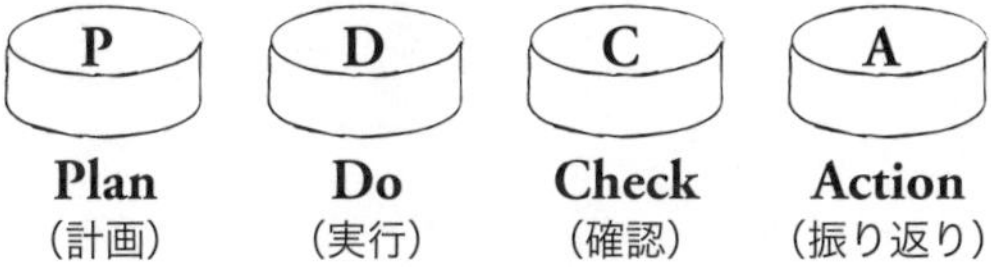


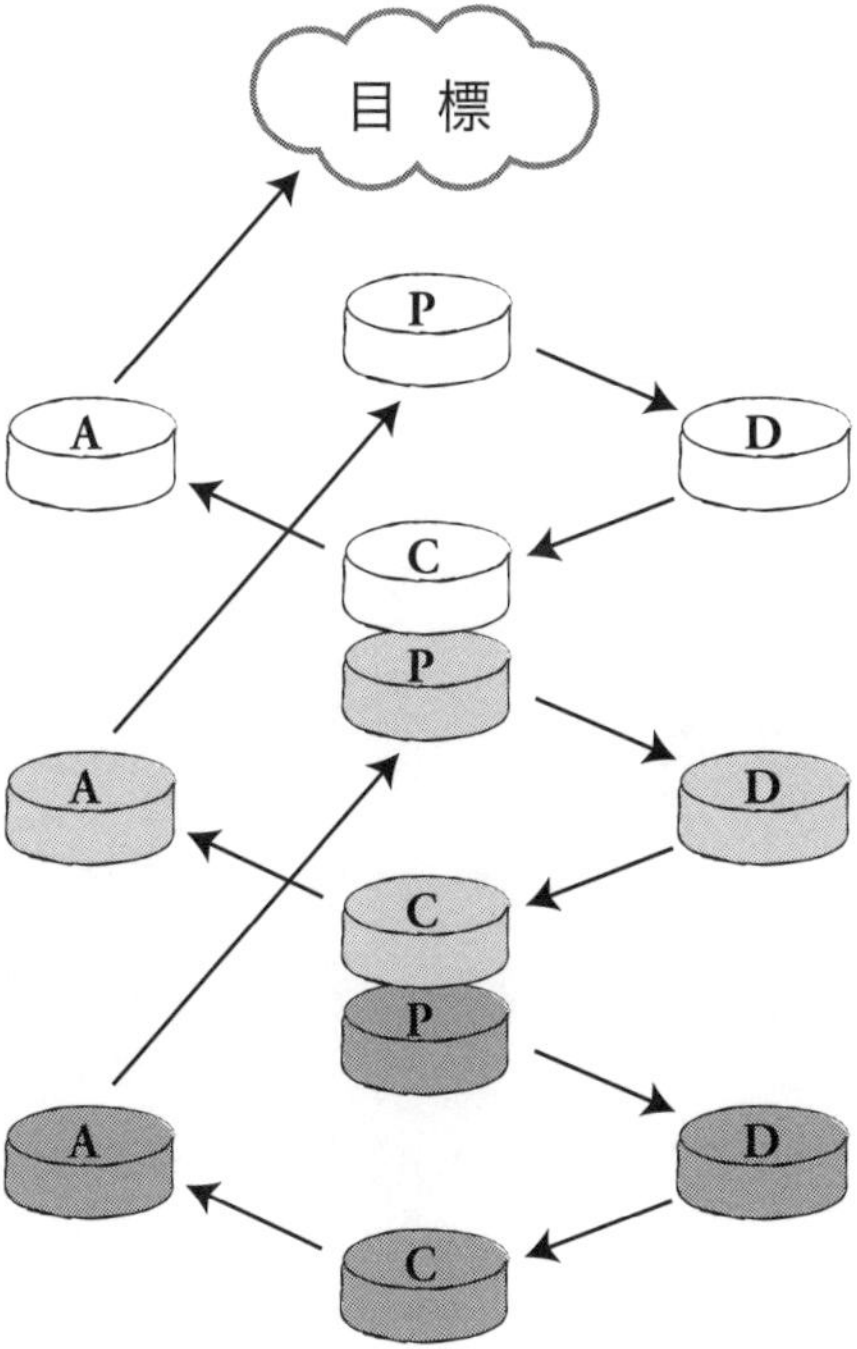

ル」だ。

PDCAとは、P＝計画、D＝実行、C＝確認、A＝振り返り、の4つの要素を意味している。これは、ある仕事を達成するまで、どのような手順で行えばいいかの段取りを示したマニュアルのようなものだ。

たとえば、きちんとした計画（P）を立ててこそ実行（D）できるし、そのあとの確認（C）を徹底することで、反省点や改善点を振り返る（A）ことができる。

そして、それができれば、また新たな計画（P）が立てられ、実行、確認、振り返りと、新たなサイクルの積み重ねが可能になる。つまり、これに沿って物事を進めていけば、問題点を解決しつつ着実に目標に近づけるというわけだ。

## 「うまくいかない人」はゴールの設定を間違えている人

よく「目標は高ければ高いほどいい」などというが、残念ながらそれはひと昔前のスローガンである。うまくいかないのは、ゴール設定を間違えているのかもしれ

## ❗ 目標が望ましいものかどうかを確認する

**8月の目標**

前年同月比で売上高を
＋12％に!!

SMARTで望ましいかどうかをチェック！

| | |
|---|---|
| Specific | 具体的であるかどうか |
| Measurable | 測定できるかどうか |
| Achievable | 達成できるかどうか |
| Realistic | 現実的であるかどうか |
| Time-related | 期限が決まっているかどうか |

ない。そこで、打ち立てた目標が適切かどうかをチェックできる「SMART」の法則を活用したい。チェック項目は、具体的であるかどうか（S）、測定できるかどうか（M）、達成できるかどうか（A）、現実的であるかどうか（R）、期限が決まっているかどうか（T）の5項目だ。

これらをそれぞれ確認・検証し、ひとつでも満たされていない項目があったら、必ず目標設定のやり直しを試みるべきだという考え方である。

ちなみに、Mの「測定できるかどうか」というのは、達成度合いが何らかの形で数値化できるかどうかということである。これができないと進捗状況の管理や、上司や先方への報告が難しくなる。目標を視認化する意味でも重要な役割があるので確認しておきたい。

## やるべきことを見失わないための「羅針盤」とは？

いくつもやらなくてはならない仕事がある時は、思い立った仕事から手をつけが

## 仕事の優先順位をクリアにする

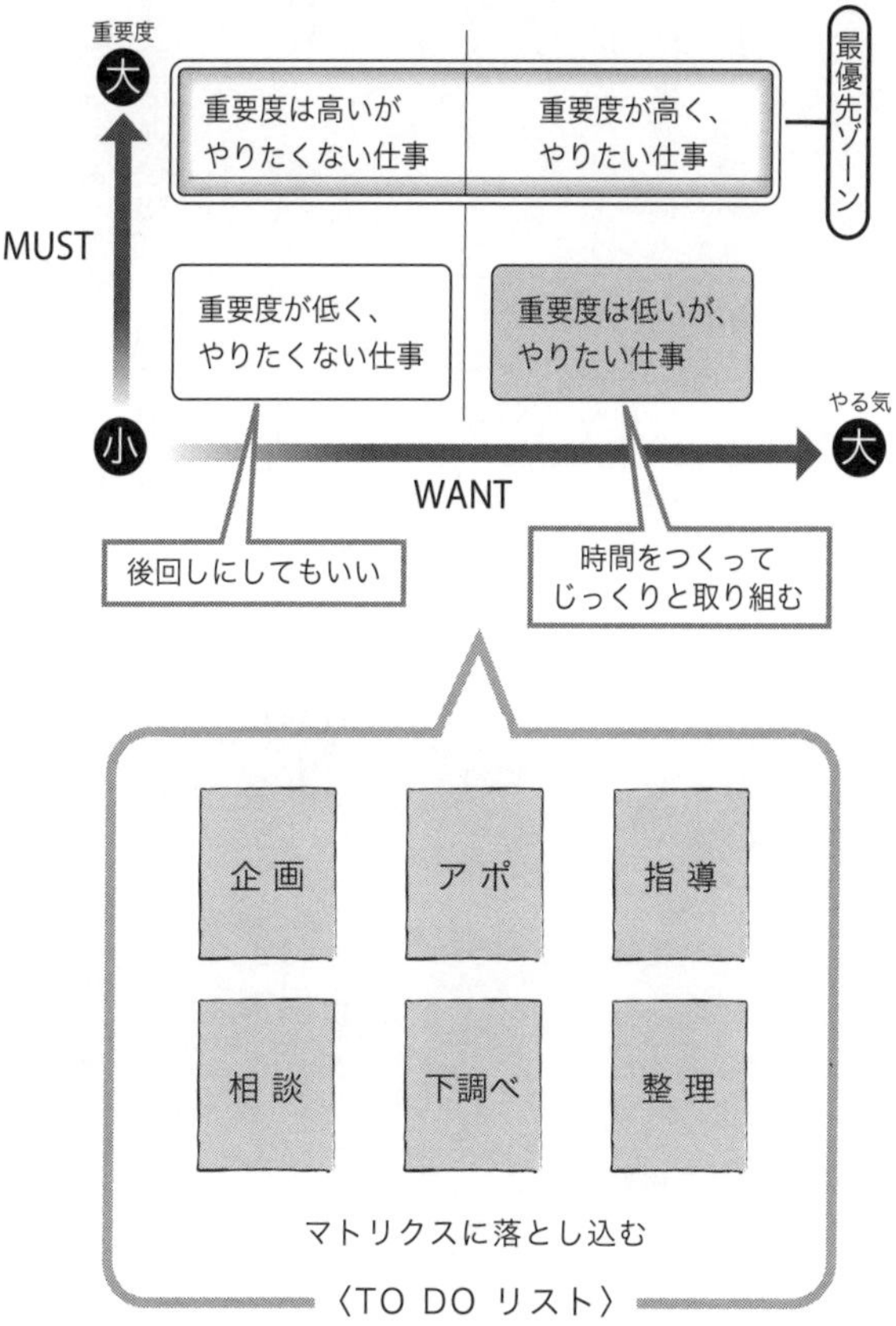

ちだが、一番重要な仕事を後回しにするようなミスを犯すこともある。やるべきことを見失わないようつくってほしいのが、WANTとMUSTのマトリクスである。

まずは「企画を練る」、「見積書の作成」、「上司への報告」など、仕事の内容を書き出して、TO DOリストにしてみよう。

次に、横に「WANT=やる気」を示す軸を置き、縦に「MUST=重要度」を示す軸を置いたマトリクスをつくり、先につくっておいたTO DOリストの項目を当てはめてみるのだ。

このマトリクスを見れば重要度の高い仕事が一目瞭然に把握できるうえ、優先順位がクリアにできる。たとえ気乗りしない仕事でも、重要度が高いことを意識すれば優先的に片づけようという気になってくる。

自分では重要だと感じていた仕事が、じつはやりたいだけで、客観的に見れば重要度が低い仕事だったとわかることもあるのだ。

## 「五段階読書法」で本を「読む」から「使う」に変える

読書で知識を増やしたり、思考力を養いたいと思ってもなかなか内容が頭に入ってこないことがある。そんな時には、人間の思考プロセスに基づいて考え出された「五段階読書法」を試してみるといい。

これは書籍を「①概観」「②設問」「③精読」「④暗誦」「⑤復習」の5段階に分けて読む方法だ。

まず「概観」とは、その本のなかにどのようなことが書かれているのか、その全体像を把握することをいう。本を手に取ったらすぐに読み始めず、まず最初に目次に目を通す。そして章、節、見出しなどから本全体の構成や流れを知るのである。

次の「設問」は本文を開いたらまず見出しに注目し、これを疑問形に直して読むのだ。もともと設問の形になっているようならそのままでいいが、そうでなければわざと疑問形にしてみる。

たとえば「思考のセンス」というタイトルの本があったとすると、「思考のセンスって何？」と考えてみるのだ。すると、そのページから何を読み取らなければならないのかがわかり、読む前に問題意識を持てるようになる。

次に行うのが「精読」だ。これは、前述の設問に対しての答えを見つけられるように、文章を目で丁寧に追っていく読み方だ。必要なら傍線を引くなどして要点を理解したい。

そして、要点となる部分を読んだら、とりあえずいったん本を閉じる。そして、そこに何が書かれていたのか、要点を頭の中で箇条書きにして暗誦してみる。こうすれば理解力がさらに増し、記憶も鮮明にすることができる。

さらに、本から学んだことを確実に自分のものにするために、読み終わってもそのまますぐに本棚にしまわず、もう一度内容を「復習」してみる。ここでは、目次を開いて見出しから順に記憶をたどるだけでもいい。

このように読書を5段階に分けて行うことで、その本がいわんとすることをより深く理解できるのである。

## 複雑な状況をシンプルな「○」「↓」図式で読み解く

文字がぎっしりと並んでいる本は苦手、まして専門書はお手上げだという人がいるが、そういう人におすすめの読書法がある。

それは、キーワードを紙に書き出して「○」で囲み、それを矢印で結び関連づけてしまう方法である。大半の情報はこれだけで図式化できる。

たとえば、よく知られている例でいえば、「三権分立」の図式図だ。「行政」「立法」「司法」をそれぞれ○で囲み、それら3つが対等な位置になるようトライアングル状に配置してから、「⇔」で結んでみる。これによって、それぞれが分離独立しながら三すくみの関係にあることがわかる。

また、水が蒸発して雲となり、再び雨となって地表に降り注ぐといった「自然の循環」を図にするなら、まず「水」「雲」「雨」と書いてそれぞれを○で囲む。

そして、それをサークル状に並べて、それぞれの○の間に矢印を時計回りになるように書き込むのである。こうすれば、循環していることを示すことができる。

あるいは、インターネットが企業と消費者に双方向性を持たせていることを表そうとするなら、○で囲った「企業」と「消費者」の間に、互いに反対方向に向かう矢印を加えればひと目でわかるだろう。

もちろん情報によっては矢印を使わなくてもいい。たとえば、経済用語の「資産」の内容をひとつの図で表すなら、まず「現金預金」と書いて○で囲み、次にそれを含める大きな○を書いて「流動資産」と記入する。さらに、それを大きな○で囲んで「資産」と入れればいいのだ。

これだけで、この用語には3つの要素が包含されていることがひと目でわかり、こと細かな説明も不要になる。

○や・、矢印法の最大の利点は、複雑な作業をしないで簡単につくれることにある。また、会議の要点や策定した計画を素早くまとめる時にも役立つ。

たとえば、議事であるプログラムが決定したのなら、その目標と実現のために実行すべきことを○で囲み、互いを矢印で結んでしまえばいい。

これなら文章で書き残すよりもわかりやすく、しかも短時間にまとめられるのだ。

## なんでもあきらめる人がおさえたい正しいエネルギーの使い方

「三日坊主」に悩む人は少なくない。すぐに飽きてしまう、何をやっても長続きしない…この三日坊主を心理学的に分析していくと〝逆転の解消法〟が見えてくる。

三日坊主に陥るのは、「やらなければならない」という無意識のうちに起こる使命感にかられるからで、反対に自分が「好きなテーマ」については、時間を忘れて没頭するはずだ。むしろ、やめること自体が難しくなってくる。

ただ、これが仕事となると少々事情が異なってくる。

「この仕事は自分には向いていない」「会社を辞めたい」という気持ちと、「でも、仕事を辞めても次の仕事がすぐに見つからない」「仕事がないと生きていけない」という、心のなかに常在する2つの対立する気持ちが葛藤しているビジネスパーソンが多いはずだ。その葛藤こそが、不安や自責感を生んでいるのである。

しかも、仕事をしていると人間関係でどうしてもトラブルを抱えたり、突然勃発する問題に直面したりする。そのうえ、まわりに相談をする人がいないとなると、自分で自分を追い込むことになる。この葛藤が重くのしかかってくると仕事そのものが嫌いになって、その結果、続けること自体が嫌になってくるのだ。

そうならないためには、「続ける」という行為を一度、物理的に見直すといい。続けなくてはならないという使命感から解放されるために、疲れた、もうできないと感じたら、いったん中断あるいは中止してしまうのだ。そうしておいてから、また再開すればいいのである。

その時に注意したいのが、全力疾走はやめることである。100パーセントの力を出そうとしたからこそ途中で苦しくなって挫折感を味わうことになったのだから、無理をして完璧主義を貫かないことである。

50パーセントを主軸にして、前後20～30パーセントを行ったり来たりするようにして、その時の状況に合わせてペース配分をする。時には9割くらいがんばってもいいし、落ち込んだ時には2割程度のエネルギーでダラダラと続けてもいい。

こうすれば、実力以上の力を出すこともなく達成感も味わえるので、無理なく続けられるはずだ。

## 先送りグセをカンタンに矯正するフライングの技術

「先送り」や「先延ばし」というと、議員の先生方やお役所の専売特許のようなものだが、ビジネスパーソンだけでなく、主婦や学生にも当てはまるケースが多い。

「あと10分休んで、12時から始めよう」とか「今日は仕上げるのが難しいから、明後日に終わればいいか…」などというのはまだかわいいほうだが、これが仕事となるとそうはいかなくなる。

こんな、先のことをあれこれ考えるばかりで、いっこうに行動に移せない人のことを「先送り症候群」と呼ぶこともあるようだが、このタイプの人間は、書類ひとつ送るにも、電話1本をかけることすら億劫になるのだ。

心理学的には、心配性の人に多く見られる〝現象〟で、メールをひとつ送るのにも「これで失礼がないかな」と内容を何度も確認しては書き直したりする。「わかりづらいから、箇条書きのほうがいいだろう」とか「長くなるから添付ファイルにして送ろう」などと一事が万事で、必要以上の心配をして業務が遅々として進まなくなるのだ。

そこで、どうしても先送りの悪いクセが抜けないという人は、中途半端な時間に始めるといい。「10時から」とか、「午後3時半になったら手をつけよう」ではなく、9時58分から始める、3時29分になったら何が何でも手をつけるのである。ようするにわざとフライングして、キリの悪い開始時間を設定するのだ。

実際にやってみるとこれが意外に効果を発揮する。その時間にほかのことをやっていても、半端な時間を設定することでヤル気が湧いてきて、仕事にすんなり入れるのだ。

これがうまくいったら、次はほかの仕事にもこのフライングの方法を取り入れて習慣化してしまえばいい。今まで10時からとか、ランチを食べてからやろうなどと大雑把な予定を立てていたことで実行に移せなかったわけだから、ほんの2、3分、スタート時間を前倒しさせてやるだけですんなりと仕事に入れるのだ。

ようするに、あえて「分刻みのスケジュール」を立てるのである。

その日の仕事のスケジュールを紙に書き、その横に開始時間を明記したら、あとはその時間に合わせてタイマーをセットしてアラームを鳴らせば万全だろう。

## やらざるをえない状況に追い込む「3つの集中法」

いざパソコンに向かって仕事を始めたまではいいけれど、まだ5分もたっていないのにインターネットを閲覧し始めたら仕事が手につかなくなってしまった…。こんな経験は誰にでもあるはずだ。

そもそも人間の集中力は、50分程度しか続かないといわれている。意外に長いなと感じるかもしれないが、これにはウラがある。

じつは集中力には周期があり、最も集中できている時間はせいぜい15分だ。これが波を打つように集中力が高まったり、切れたりすることを3回繰り返すので、集中力の限界はだいたい45分から50分になる。だから、仕事とは別のことに意識が向いてしまい、ついネットに目がいってしまうのは人間として当然の行動なのである。

ここでは、仕事をせざるをえない状況に自ら追い込む「3つの集中法」を紹介しよう。

1　タイマーをセットする

仕事を始める時間ではなく、自分が集中できる時間に合わせて、15分刻みか、50分後に鳴るようにセットする。短時間で終わる仕事なら15分でいいし、作業量が多い仕事は50分後にセットし、さらに50分を30分、20分と2分割して鳴らしてもいい。

2　リマインダーを使う

スマホのアプリを使って「A社の企画書を作成しなさい」と知らせるようにする。スタート時間ではなく、作業中に通知するようにセットするのがコツだ。10分も経つとどうしてもほかのことをやりがちなので、そこを狙ってリマインダーをしかけるのだ。

3　アナログ空間に移動する

どうしても集中できない、この仕事を今日中に仕上げなくてはならないという時は、あえてネットに接続できない環境に身を置くのだ。

人間である以上、息抜きをしたり、楽しいことに意識が向くのはしかたがない。それをシャットアウトしてくれるのが、この3つの仕掛けなのだ。

# Step 7

# その手があったか！
# 最短で問題解決に導く
# ひらめきの技術

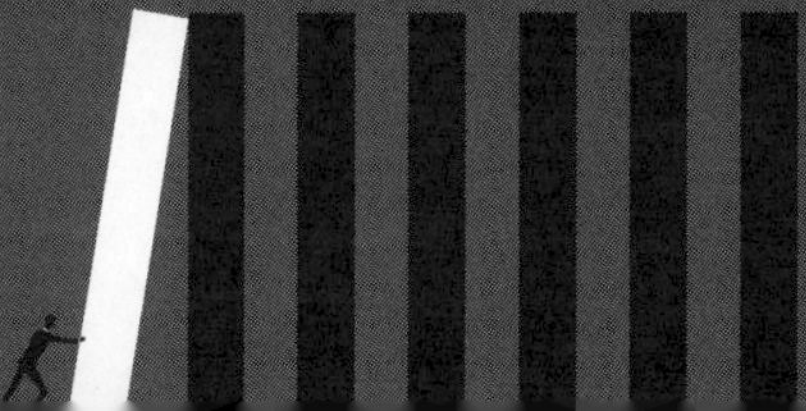

## 「勝率が勝れば即、行動すべし」の根拠とは?

企画を立てている時に限って「どうも、いいアイデアが浮かばない」と頭を抱え込むことは珍しくない。しかも、締め切りの時間に追われれば追われるほど焦ってくることになるから、よけいに頭の中はカチカチに凝り固まってきて身動きすらできなくなる。

こんな窮地に陥ったら、見切り発車でいいから、とにかく後先のことを考えずにコトを始めてしまうに限る。

「見切り発車」は、完璧を求めずにまずは行動を起こすことを意味する。計画が途中のままでパーフェクトでなくても、それを修正しながら前進することのほうが大切なのだ。

その際に、「よっしゃあ!」という掛け声をかけるとなおいい(実際は声を出さなくてもいいが)。「さあ、やるぞ!」という威勢のいい気合は、それまで踏ん切りがつかなかった自分の背中を自分で押すことになるのだ。

ちなみに仕事ができる人は、「6対4で勝率が勝れば、見切り発車でいいからスタートしたほうがいい結果を生む確率が高い」という必勝パターンを持つ人が多いという。

この「6対4」の比率は、成功体験から導き出された感覚的なものというよりは、「完璧さ」を求めるよりも、まずは行動を起こすことのほうが先決であることを説いている。

たとえ成功する確率が60パーセントであっても、何もしないで行動を起こせなければ成功確率は0パーセントになる。つまり、リスクを取りながら行動に移すことで、成功する機会が生まれるというわけだ。

最初から完璧をめざそうとするからものおじしてしまい、腰が引ける。それよりは大雑把でもいいから、頭の中であれこれ考えずに、とにかく発進してしまうのだ。

あとは、それを修正していくだけでめざすゴールが見えてくる。


6割ができた段階でスタート↓修正の繰り返し↓ゴール

と、単純な工程になるわけだ。

プランやアイデアが完璧である必要はない。それよりは行動を起こすことのほうが重要であり、失敗や誤りから学ぶことが成功への近道になるのだ。

## アイデアはカタチにしてこそ日の目を見る

口ではいつもいいことを言うのに、それをいっこうに行動に移さない人がいる。周囲の人に「それ、いけるよ。企画会議に出したら通ると思うよ」とプッシュされているにもかかわらず、本人にはその気があるのかないのか、しゃべっただけで自ら動こうとしない…。

ビジネスでも私生活でも、考えることは大切だ。創造性や問題解決力を鍛えるうえでも有益であり、たとえ実際に行動に移さなくても、それによって生まれたアイデアは将来、いろいろなことの参考になる可能性がある。

時には偉大な研究者や作家、思想家に倣って一日中、自宅にこもって考え抜いてもいいし、転地効果を期待して自分の居場所を変えて新たなアイデアが噴出してくるのを待ってもいい。体を動かすことなく、もう「これ以上、頭に入らない」限界まで自分を追い詰めてもいいだろう。

ただ、それでも、せっかく思いついたアイデアを具体的な形として表に出さない人がいる。

心理学的にはそんな「やってみるよ」のひと言で行動を約束するものの、それを実行しない人の特徴を一貫性が欠如しているとか、自己誠実性がない、さらには責任回避だと非難する人がいる。

仮にそのアイデアが形となって失敗した場合、本人は責任を取りたがらず、他人や周囲の状況のせいにするからだろうか。

もし今、あなたの頭の中で蓄積された熟成したアイデアがあったとしたら、それは何だろうか。どうして頭の中にとどめておくのだろうか。塩漬けにするメリットはあるのか。失敗をしてもいいからカタチにしてみたいと思わないのだろうか。

アイデアは、具体的な行動に変えることが何よりも重要だ。何日もかけて考え抜いたアイデアが実行されずに日の目を見なければ、その価値を最大限に引き出すことはできないし、成果を得ることも難しいだろう。

## 人間が課題を発見し、AIが解決法を探す「ひとりブレスト」

ニュートンは木から落ちるリンゴを見て万有引力を思いついたという。この逸話の真偽は不明だが、人間が持つ最強の武器のひとつを如実に示している。それは「ひらめき」という新しいものを生み出す発想力だ。

たとえば、子どもを連れた親のカバンに、電車のつり革に似たものがついているのを見かけたことがないだろうか。

これは、電車内で子どもにつかまらせて、スムーズな移動ができるように考案されたアイデアグッズだ。

発明者は、電車で移動中の親子を見た時に問題を見つけ、それを解決するための発明につなげた。まさに発想力のなせるワザだろう。

もし、その発想力を活かして人間が見つけた課題が複雑なものであれば、ＡＩの出番だ。課題を解決するために、過去の類似例などのデータを利用して条件を変えながら最適解をいくつも導き出せる。

前述したように、人間が得意とする発想力で課題を発見し、ＡＩが得意とする分析力で解決法を提示する。それぞれが得意分野に徹することで問題解決のスピードは飛躍的に上昇するのである。

この分業システムなら、人間が単純作業から解放されることでアイデアを生み出すことに集中できる。いわば、無責任にどんどんアイデアを出し、分析処理はＡＩに任せる。

「ひとりブレーンストーミング」が可能になるというわけなのだ。

## 問題解決できる人は、他人が見ていないところで「足」を使う

仕事をするうえで実行力は重要だ。実行力がある人は多くのチャンスに恵まれる

し、成果も残していく。ただし、口で言うほどそう簡単に身につくものではない。

そこで、その実行力を確実に養うことができる方法がある。それは、「足を使って調べる」ことだ。

いきなり「何かを実行してやろう」とか「成果を上げてやろう」と思っても、そううまくいくものではない。まずはハードルを下げて、下準備をすることから始めよう。そのためには自分で体を動かし、目標達成に必要なことを自分で調べてみるのだ。

すぐに具体的な結果に結びつかなくてもいい。「何といっても下準備なのだから」と考えれば気楽にできる。ともかく大切なことは、自分の足を使って、自分の目で見て、自分の頭を働かせてみることだ。

そうやって体を動かすことによって、自分がやろうとしている仕事がどういうものか、どんな目標に向かって進んでいけばいいのかがぼんやりと見えてくる。少しでも見えてくれば、次に何をすればいいのか、どんな動きが必要なのかもわかるはずだ。

いきなり遠くの目標をめざそうとしてもなかなか難しい。しかし、そうやって自分の足元に少しずつ道をつくっていけば、いつの間にか行動している自分がいる。やがてそれが実行力に結びつくのだ。

「足を使って調べる」といっても、何も難しいことをする必要はない。

たとえば飲料を扱う企業で働いているのであれば、街に出て、どんな人が、どこで、どんな飲み物を飲んでいるかを見て歩くだけでもいい。電気製品を扱っている人なら、自分の会社を見回して、電気製品に関して何か不自由なことはないかをチェックしてみることからヒントが見つかるかもしれない。

ヒントさえ見つかれば、さらに深く突っ込んで調べてみる。

たとえば、「なぜその商品はヒットしているのか」「この点について同業他社はどう対応しているか」など、新たなテーマが見つかるはずだ。それが実行力を養うもとになる。

じっとして頭の中で考えているだけでは、新しいアイデアも展望も生まれない。まずは「動く」ということを習慣にすれば、次の一歩をどこに踏み出せばいいかが見えてくるのだ。

## 企画を立てる人にとって、トレンドが落とし穴になる理由

自分の企画案はいつも新鮮さが足りない、誰でも考えつくような発想しかできないと悩んでいる人は、もしかするとトレンドを追いすぎているのかもしれない。

企画を考えるなら、今、何が流行っているのかを知っていることは大切だ。世の中の多くの人がどんなものに関心を持ち、何に楽しさを見出しているのか。あるいは、どんなことにならお金を使ってもいいと考えているのか――。

実際、このような情報にはいつもアンテナを張っているという人は多い。新聞やテレビのニュースだけでなく、SNSで何が話題になっているのかも簡単にわかるのでつい検索してしまうという人もいるだろう。

しかし、知り得た情報をそのまま使ってしまうと、どうしても後追い感が出てしまう。結果的に、誰でも考えつくような発想になってしまうのだ。

なぜなら、流行りというのは流行っている時点で世の中の興味や関心はピークに

達しているか、すでに廃れてしまっているものだ。

だから、流行っているからといって企画を立てて上司にＯＫをもらい、準備をしている時点で旬はとうに過ぎてしまっている。

変化のスピードがこれだけ速い世の中では、実際に世の中にお披露目する段階で、すでに「ちょっと古い」「もう終わっている」という残念な印象を与えることになってしまいかねないのだ。

そこで、オリジナリティのある企画案を出そうと思ったら、トレンドはしっかりと理解しつつも、それをアイデアのなかから排除してしまうことだ。

流行りの本流はいっさい取り入れないと決め、しかし今の世の中の人たちが抱いている気持ちに合ったものは何かについて追い求めることに専念する。

また、スタンダードでありながら根強い人気をキープしているものには、人を惹きつける何かがあるはずなので、その秘密を研究してみると思わぬヒントが見つかることもあるだろう。

ほかの人とは違う視点を持つことが、そのまま他人がマネできないおもしろい発案につながるのである。

## 「類比」と「類推」で、思いもよらない新アイデアにたどり着く

問題があるのはわかっているけれど、どう考えて対処すればいいのかわからないという人がいる。そんな時は、思考術のひとつのノウハウとして、アナロジーを利用するという方法がある。

アナロジーは日本語で類比や類推といった意味だが、創造工学研究所所長の中山正和氏が考案し、頭文字をとって名づけられた「NM法」は、発想法として知られている。もともとは商品開発のために活用されていたもので、問題解決の思考術としてもビジネスシーンで広く使われるようになった。

①テーマを設定する、②テーマを表現するキーワードを決める、③キーワードに類似するものを発想する、④類似したものの背景となる要素や構造を探る、⑤④から導き出された背景とテーマを結びつけて着想する——といった内容だ。

キモになるのは③の発想力だが、ここにゆっくり時間をかけると意外な類似を見

## ! 具体的な問題解決につながる

NM法のステップ

① テーマを決める

〈例〉
お客さまとコミュニケーションする方法について

↓

② キーワードを決める

・相手の気持ちに寄り添う
・すべてを受け止めすぎない

↓

③ キーワードから「類似」を探す

「植物の癒し」、「柳に風」

↓

④「類似」の背景を探る

・自ら主張しない
・そこにあるだけで癒される
・穏やかにあしらう
・弱そうだが折れない

↓

⑤ 背景から着想する

・ほどよい距離感を意識する
・傾聴の心を持つ
・ある程度の批判は受け流す

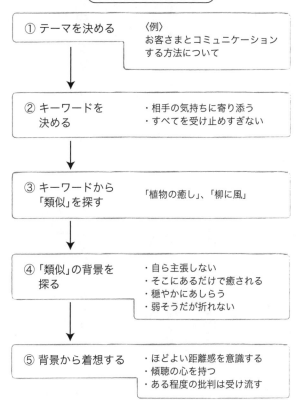

つけることができる。最終的には、⑤の着想を企画案や解決策に落とし込むことが大切だ。

## 視点を切り替えて発想する「SCAMPER」とは？

アイデアに行き詰まった時の発想法として有名なものがオズボーンのチェックリストだが、このリストの順序を並べ替えるなどして改変されたものが「SCAMPER」だ。たとえば「はさみ」を基本アイデアの例として挙げると、チェック項目は次の7つになる。

S（代用）…はさみの代わりとなるもの、または材質を別のモノで代用できないか？

C（組み合わせ）…はさみを別のモノと組み合わせられないか？

A（応用）…はさみの機能に変化を加えて応用することはできるだろうか？

M（修正）…はさみの構造を修正したり、改良したりすることはできるだろうか？

## 基本のアイデアをふくらませる7つのキーワード

**Substitute** …… 代用する

**Combine** …… 組み合わせる

**Adapt** …… 応用する

**Modify or Magnify** …… 修正or拡大する

**Put to other uses** …… 転用する

**Eliminate or minify** …… 削除or削減する

**Reverse or Rearrange** …… 逆転or再編集する

P（転用）…はさみ以外の使い道はあるだろうか？

E（削除）…はさみの構造をもっと簡略化することはできるだろうか？

R（逆転）…はさみの用途（切る）の逆になるようなことといえば何だろうか？

固定観念にとらわれずに、思考の視点を切り替えられるこの方法を覚えておこう。

## あえて極論から攻めて発想の枠を打ち破る方法

話し合いも行き詰まり、これ以上は何をどうやっても新しいアイデアは出てきそうもない。こうなった時にこそ試してみたいのが、「アンチプロブレム」である。

アンチプロブレムとは、テーマとはまったく正反対の課題を考えるという思考術だ。あえて正反対の視点を持つことによって、新たな発想を得ることが狙いである。

たとえば、若い女性向けの商品のアイデアを考えたい時、アンチプロブレムでは逆に「若い女性には絶対にウケないものは何か」を考えるようにする。

その結果、「古臭いもの」という課題が導き出されたとしよう。

## 正反対の極論でありきたりを突破する

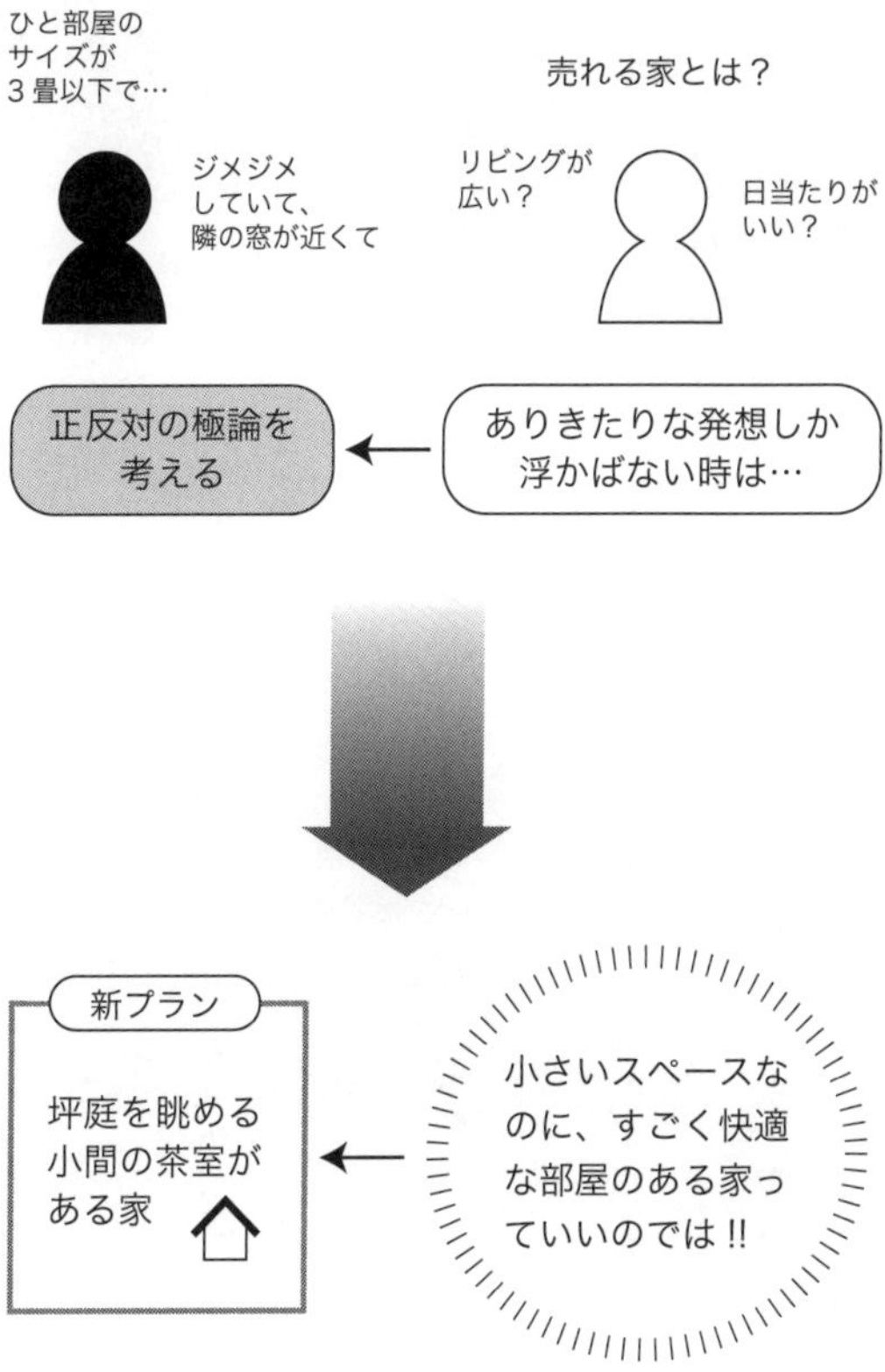
ひと部屋の
サイズが
3畳以下で…
ジメジメ
していて、
隣の窓が近くて
売れる家とは？
リビングが
広い？
日当たりが
いい？
正反対の極論を
考える
ありきたりな発想しか
浮かばない時は…
新プラン
坪庭を眺める
小間の茶室が
ある家
小さいスペースなのに、すごく快適な部屋のある家っていいのでは!!

この場合「時代遅れなものは絶対に避けよう」という解決策が見つかることもあるし、「あえてレトロな要素を入れるとウケるのでは?」という視点に行き着くこともある。

また、顧客対応などでも「お客様が喜ぶこと」ばかりを考えずに、「お客様が激怒しそうなこと」を考えてみると、トラブル対策や新しいサービスのヒントになったりもする。

## ぼんやりしたアイデアを形にできない時の裏ワザ

大勢でアイデアを出し合うのはいいが、ブレストの場では、とかく質より量に偏りがちだ。そんな時に試してほしいのが「親和図法」だ。これは、ランダムに出た意見やアイデアを似たもの同士でくくり、大量に出て収拾のつかない意見をまとめる手法である。

「今後の営業方針」というテーマでアイデアや意見がひと通り出尽したら、まず個

## 漠然としたアイデアを具体的にまとめる

①ブレーンストーミングなどで、アイデアをたくさん集める（発散技法）

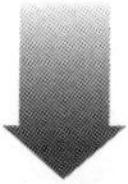

②集めたアイデアをグルーピングしてタイトルをつける（収束技法）

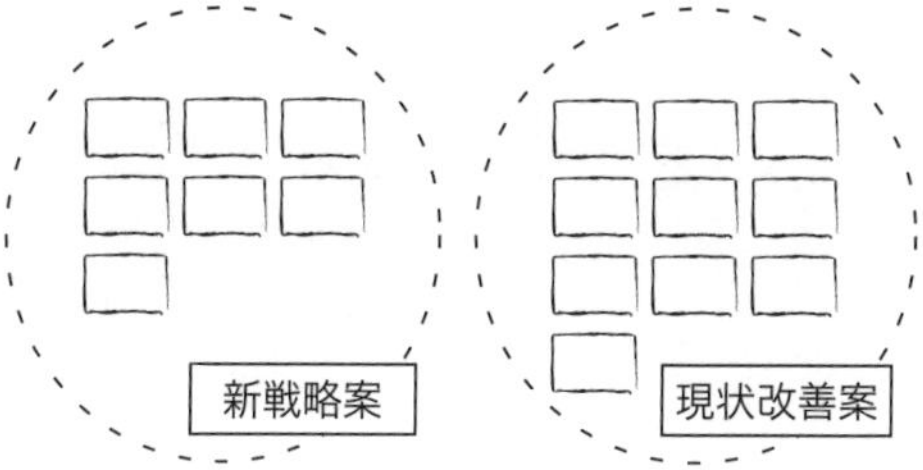

別に書き出して並べ、次に親和性のあるものでグルーピングするのである。

そのなかに「価格を見直す」「営業ツールをわかりやすくする」など現状のやり方に対する改善点があれば同じグループとして分類し、「新商品を追加する」「営業エリアを拡大する」のような新しいプロジェクトになりそうなものは、やはり同じグループで分類する。そして、そのグループを集約するような名前をつけるのだ。

たとえば、前者は「現状改善案」、後者は「新戦略案」とするとわかりやすい。これなら散り散りのアイデアも素早くまとまり、問題の本質が浮き彫りにされる。

## アイデアを上手に仕分ける時の「ペイオフマトリクス」

アイデアは多ければ多いほどいいが、いざ実行するとなると何でもやればいいというものでもない。内容によっては実現までのハードルが高かったり、その割に効果が得られないものもある。

そこでペイオフマトリクスの出番だ。これはたくさんあるアイデアのなかで、ど

## アイデアを効果と難易度で仕分ける

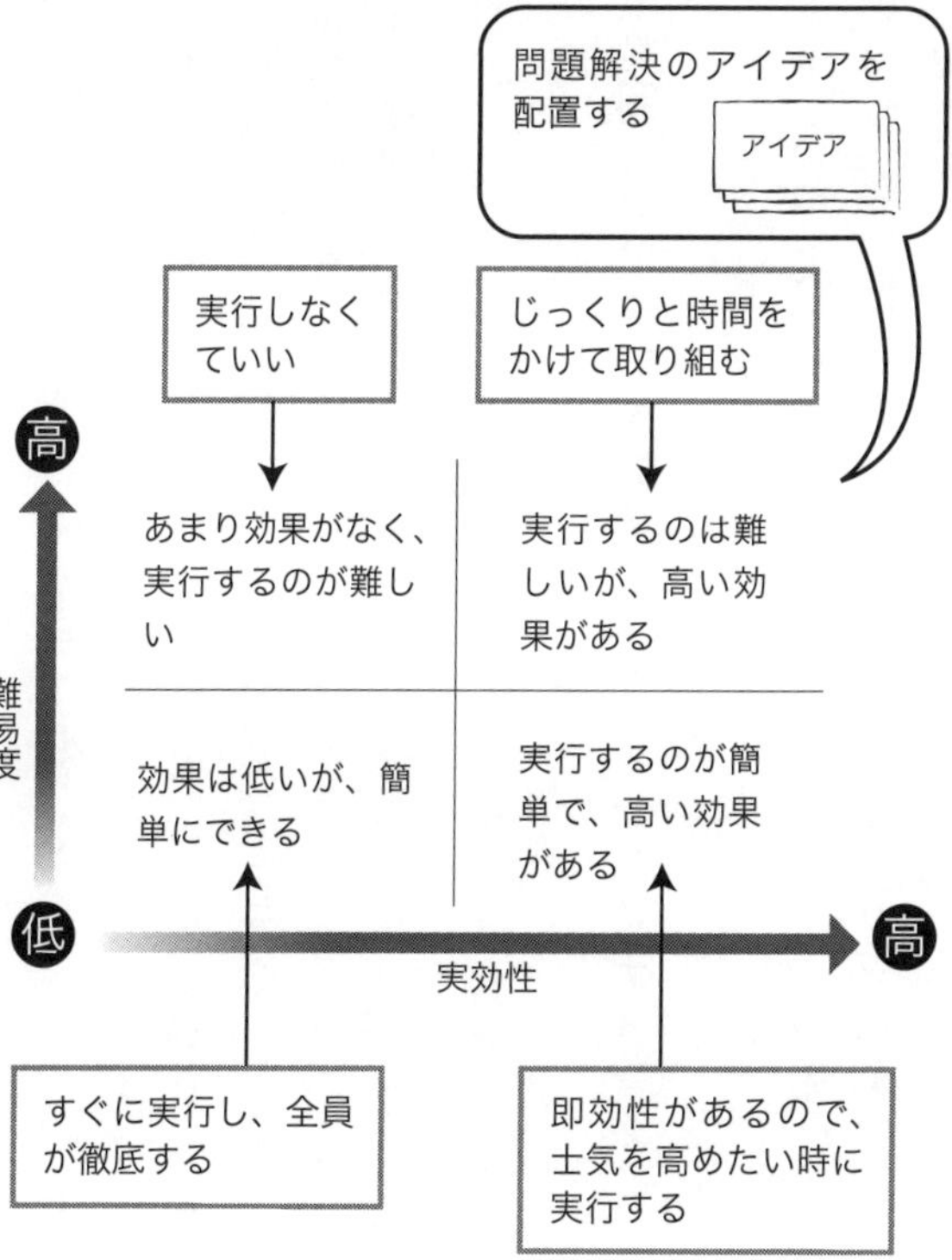
問題解決のアイデアを配置する
アイデア
実行しなくていい
じっくりと時間をかけて取り組む
高
あまり効果がなく、実行するのが難しい
実行するのは難しいが、高い効果がある
難易度
効果は低いが、簡単にできる
実行するのが簡単で、高い効果がある
低
高
実効性
すぐに実行し、全員が徹底する
即効性があるので、士気を高めたい時に実行するれを優先すればいいかの選択肢を絞り込む時に役立つ方法だ。

まずは縦軸を「難易度」、横軸を「実効性」と決め、簡単なマトリクス図をつくる。そして、その高低に合わせて出したアイデアをはめていくのである。

ここでいう難易度とは実現するまでの時間やコスト、一方の実効性とは利益などの効果を意味する。つまり、「費用対効果」がひと目でわかるようになるのだ。

優先順位がわかれば予算や人選もしやすいし、先の見通しが立つので年間計画なども立てやすくなる。何より「こっちを先にすればよかった」といった計画ミスが減るはずだ。

## 広範囲にアイデアを集める「ブレーンライティング」

アイデアを出し合って煮詰めていくのに役立つのが、ブレーンストーミングという手法だ。しかし、なかには話すのが得意な人もいればそうでない人もいる。しかも、発言者が偏りがちになるという欠点もあるのも事実だ。

## 6人で108個のアイデアを出す

<テーマ>

| | A | B | C |
|---|---|---|---|
| 1 | | | |
| 2 | | | |
| 3 | | | |
| 4 | | | |
| 5 | | | |
| 6 | | | |

用紙を6枚用意して6人に1枚ずつ配る

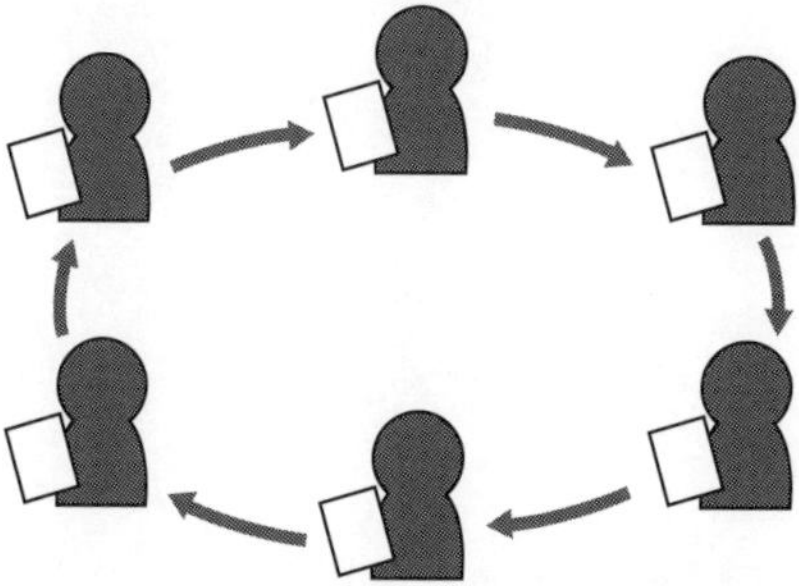

5分以内にアイデアを3つ記入し、
隣の人に用紙を回す

その点をフォローするのが、ブレーンライティングだ。やり方は簡単で、用意するのは人数×3列に仕切られたシートだけでいい。

たとえば6人で行う場合、各自が6行×3列の18マスに仕切られたシートを用意し、それぞれが持ち時間5分のなかで3つずつアイデアを書き込んでいく。書き込んだら次の人に回し、自分のシートが手元に戻ってきた時には18マスが6シート分で、108個のアイデアが集まることになるのだ。

手元に回ってきた紙に書き込まれている他の人のアイデアは、自分では思いつかなかった発想のきっかけにもなる。いつもは寡黙でシャイな同僚から出た斬新なアイデアに驚かされるということもあるかもしれない。

## 接近、類似、対照、因果…連想の4法則とは？

アイデアを膨らませていく時に欠かせないのが、連想する力だ。そこで、この連想力を鍛えるなら「連想ゲーム」がおすすめだ。

## ！人の意見を聞いてアイデアを連想する

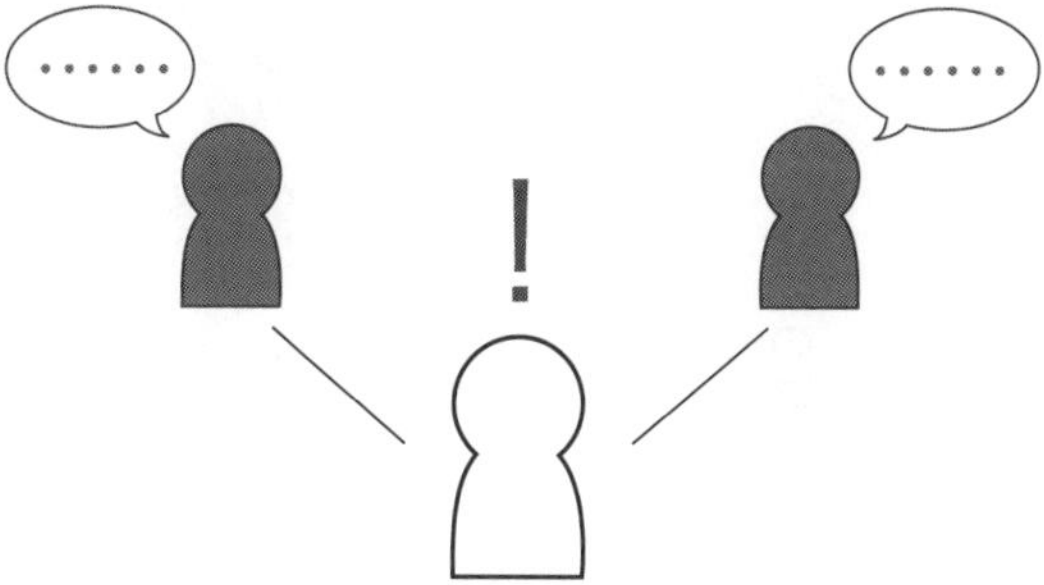

### 連想の4つの法則

第1法則
「接近」
近しいもの、接点があるものは何か？

第2法則
「類似」
形、色、仕組みなどが似ているものは何か？

第3法則
「対照」
際立って違っているものは何か？

第4法則
「因果」
原因となる事象にさかのぼった時にイメージするものは何か？

実際に連想ゲームを行う時には、「接近・類似・対照・因果」という4つの法則を意識してほしい。「接近」は、近くにあるものを連想する。

たとえば、「ケーキ」から、子ども、記念日、ろうそくなどというように、「これは誰のものか、誰が使うか」などと付近にあるものを連想するのだ。

また「類似」では、似ているものを連想する。「対照」は、反対に位置するものや対立するもの、対比されるものを連想し、「因果」は、ある事象を原因として結果を連想するもので、「雨が降っている」↓「道が濡れて滑る」といった具合だ。

斬新なアイデアやユニークな発想も、豊かな連想力から生まれる。ゲーム感覚で楽しく訓練することでビジネスチャンスが広がるとすれば試さない手はないだろう。

## 常識の壁を破る「スキーマ発想法」とは？

今までにない新しいアイデアを思いつくためには、まず自分の考えのなかから「スキーマ」を見つけ、それに縛られないようにするのが鉄則だ。スキーマとは心理学用語のひとつで、常識や先入観を意味している。

たとえば、幼児が描いたような抽象画でも、そこに目鼻や口を思わせるものが描かれていれば、それがたとえ三角や四角の形をしていても「動物の顔」に見えたりする。これは人間の脳にある「動物の顔には目鼻や口がある」というスキーマがそうさせているからだ。

ようするにスキーマがあるので、脳にインプットされる情報が不完全でなおかつその量が少なくとも、それがどのようなものなのかを推論できるのだ。人間が日常生活を送るうえでこれはとても大切な頭の働きとなっているのである。

ところが、このスキーマは先入観にとらわれない想像力を発揮しようとする時には、逆に邪魔になる場合がある。というのは、脳は送り込まれるほとんどの情報をフィルターを通して判断しているので、それに適合しない情報は自分とは関係のないものとして受け入れを拒絶したり、あるいは注意を払わなかったりするからだ。

一例を挙げるなら、大量生産で商品が低価格化しているマーケットに高額な新製品を投入するといわれたらどう思うだろう。「そんな価格で売れるわけがない」と否定的に考えるのではないだろうか。これは頭の中に「低価格で売るのが当たり前」というスキーマがあるため、これに反する情報を拒絶してしまうからである。

ところが、これも先入観にとらわれずに考えると、価格に見合う品質を追究したり、販売ターゲットを絞り込んだりすることで、高額商品を販売することは十分に可能なことに気がつくはずだ。そこでアイデアを考える際は、まず何がスキーマになっているかを考え、それとは正反対のことをいくつも挙げてみるのである。

たとえば、〝早い〟のが常識なら、〝遅い〟とどうなるのか考えてみる。また〝短い〟のが一般的なら、〝長い〟といったいどうなるのかを想像してみるのだ。こうすることで発想が豊かに広がり、そこから意外なアイデアを思いつくことができるのである。

## 自由にいろいろな意見を出し合いながら解決に導く方法

「ブレーンストーミング」とは、アメリカのアレックス・F・オズボーンが考案した会議のやり方のひとつで、1人で黙々と考えるより、ほかの人の意見に誘発され

## たくさんの自由なアイデアから解決のヒントを導き出す

**ブレーンストーミングのルール**

①人の意見を批判しない
②〝バカ〟なアイデアを歓迎する、面白がる
③思いついたことをそのまま発言する
④人のアイデアに便乗するのも OK

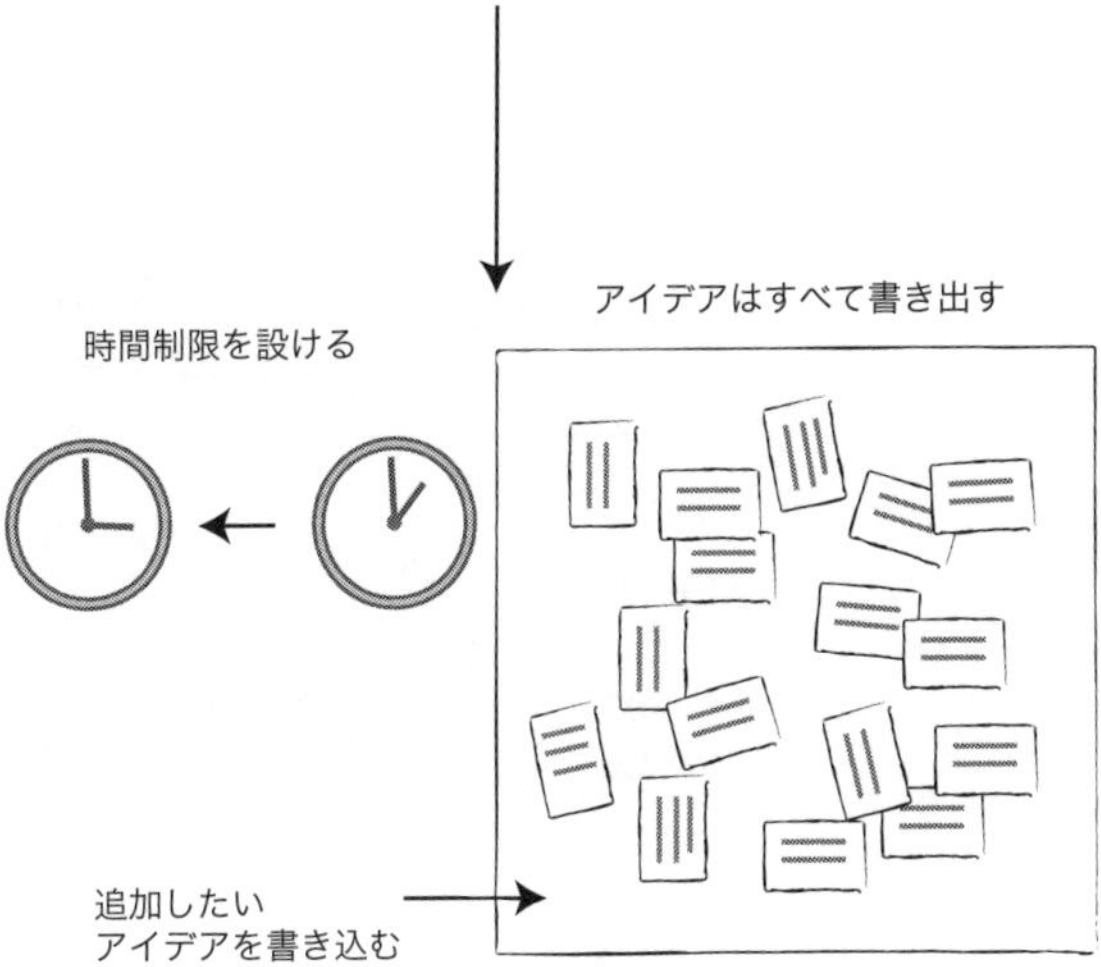
アイデアはすべて書き出す
時間制限を設ける
追加したい
アイデアを書き込む

て思いがけない発想が生まれたりするのが特徴だ。しかし、引っ込み思案な人はなかなか発言できなかったりする。そこで、次のルールを守って行いたい。

①「期限が迫っているから、その案は無理！」などと人の意見を批判するのではなく、「期限が迫っているが、どう対処する？」と、可能性を広げていく。

②一見するとばかばかしく思える意見に、意外なヒントが隠されていることもある。斬新なアイデアはみんなで歓迎する。

③奇抜なアイデアから一般的な意見まで、思いついたことをそのまま発言する。

④誰かのアイデアに便乗して、より面白い案に発展させてもいい。

また、議題はあらかじめ周知しておき、時間制限を設けておくと効率的に討論できる。

## ■参考文献

『「後回し」にしない技術』（イ・ミンギュ、吉川南訳／文響社）、『還暦からの底力』（出口治明、講談社）、『お金の真理』（与沢翼／宝島社）、『自分イノベーション』（塚本亮／幻冬舎）、『文藝春秋』（令和六年一月号／文藝春秋）、『すぐやる人に変わる心理学フレームワーク』（佐々木正悟／実業之日本社）、『実務入門　企画を立てる技術』（佐藤真介／日本能率協会マネジメントセンター）、『ビジュアル　アイデア発想フレームワーク』（堀公俊／日本経済新聞出版社）、『頭がよくなる「図解思考」の技術』（永田豊志／中経出版）、『考える仕事がスイスイ進む「フレームワーク」のきほん』（山田案稜、ＴＮＢ編集部／翔泳社）、『革新的なアイデアがザクザク生まれる発想フレームワーク55』（永田豊志／ＳＢクリエイティブ）、『【決定版】仕事が速くなる！　問題解決フレームワーク』（西村克己／学研パブリッシング）、『ビジュアル　ビジネス・フレームワーク』（堀公俊／日本経済新聞出版社）、『ヌケ・モレなし！　仕事の成果が3倍上がる　はじめてのフレームワーク1年生』（松島準矢／明日香出版社）、『フレームワークで人は動く「変革のプロ」が使いこなす18の武器』（清水久三子／朝日新聞出版）、『数字力の教科書』（久保憂希也／大和書房）、『情報を捨てる技術』（諏訪邦夫／講談社）、『〈知のノウハウ〉観察力をつける』（小川明／日本経済新聞社）、『ゼロから学ぶ統計解析』（小寺平治／講談社）、『調査データにだまされない法』（渡辺久哲／創元社）、『購買心理を読み解く統計学　実例で見る心理・調査データ28』（豊田秀樹編著／東京図書）、『消費者行動論―購買心理からニューロマーケティングまで―』（守口剛、竹村和久編著／八千代出版）、『知識ゼロでもわかる統計学　はじめよう！　統計学超入門』（松原望／技術評論社）、『「それ、根拠あるの？」と言わせない　データ・統計分析ができる本』（柏木吉基／日本実業出版社）、『データ分析できない社員はいらない』（平井明夫、石飛朋哉／クロスメディア・パブリッシング）、『中学数学でわかる　統計の授業』（涌井良幸、涌井貞美／日本実業出版）、『大人の論理力を鍛える本』（西村克己／青春出版社）、『図解　ツキの法則「賭け方」と「勝敗」の科学』（谷岡一郎／PHP研究所）、『池上彰の情報力』（池上彰／ダイヤモンド社）、『ウォールストリート・ジャーナル式　図解表現のルール』（ドナ・M・ウォン著、村井瑞枝訳／かんき出版）、『1時間でわかる　図解ビッグデータ早わかり』（大河原克行／中経出版）、『疑う力』（西田活裕／PHP研究所）、『会社を変える分析の力』（河本薫／講談社）、『「1日30分」を続けなさい！』（古市幸雄／マガジンハウス）、『統計グラフのウラ・オモテ　初歩から学ぶグラフの「読み書き」』（上田尚一／講談社）、『統計数字を読み解くセンス　当確はなぜすぐにわかるのか？』（青木繁伸／化学同人）、『明日からつかえるシンプル統計学　～身近な事例でするする身につく最低限の知識とコツ』（柏木吉基／評論社）、『仕事の能力が面白いほど身につく本』（西村克己／中経出版）、『ビジネスの情報整理達人のテクニック』（インフォレスト）、『怒濤の勉強法』（鍵本聡／阪急コミュニケーションズ）、『無理なく続けられる年収10倍アップ勉強法』（勝間和代／ディスカヴァー・トゥエンティワン）、『すごい「勉強法」』（高島徹治／三笠書房）、『ノート&ダイアリースタイルブック』（枻出版社）、『上級の勉強術』（深川太郎／明日香出版社）、『40歳から何をどう勉強するか』（和田秀樹／講談社）、『できる人の勉強法』（安河内哲也／中経出版）、『「朝30分」を続けなさい！』（古市幸雄／アスコム）、『自動記憶勉強法』（牛山恭範／エール出版社）、『他社から引き抜かれる社員になれ』（古川裕倫／ファーストプレス)、『「前に踏み出す力」が身につく本』(本多信一／中経出版)、『仕事力を高める法則1000』(ＰＨＰ研究所編／ＰＨＰ研究所)、『すごい「実行力」』(石田淳／三笠書房)、『あなたの意見はなぜ通らないのか』(島田士郎／日本文芸社)、『キャリアアップの勉強法』(栗山実／河出書房新社)、『プロの勉強法』(ブリッジワークス編／ＰＨＰ研究所)、『とにかくすぐやる人の考え方・仕事のやり方』(豊田圭一／明日香出版社)、『あなたの人生を劇的に変える　勉強のルール』(浜口直太／あさ出版)、『「稼ぐ力」が身につく大人の勉強法』(松尾昭仁／ダイヤモンド社)、『40代からの勉強法』(和田秀樹／ＰＨＰ研究所)、『もっと効率的に勉強する技術！』(高島徹治／すばる舎)、『最短で結果が出る超勉強法』(庄司雅彦／講談社)、『脳を活かす勉強法』(茂木健一郎／ＰＨＰ研究所)、『脳を天才にする！勉強法　必勝バイブル』(吉田たかよし／講談社)、『夢をかなえる勉強法』(伊藤真／サンマーク出版)、『レバレッジ勉強法』(本田直之／大和書房)、『「続ける」技術』(石田淳／フォレスト出版)、『脳が冴える15の習慣　記憶・集中・思考力を高める』(築山節／日本放送出版協会)、『ＳＴＵＤＹ ＨＡＣＫＳ！』(小山龍介／東洋経済新報社)、『大人のたしなみビジネス理論一夜漬け講座』(渋井真帆／宝島社)、『スタバはグランデを買え！価格と生活の経済学』(吉本佳生／ダイヤモンド社)、『アタマが良くなる合格ノート術』(田村仁人／ディスカヴァー・トゥエンティワン)、『営業マンは心理学者！』(高橋幸司／ＰＨＰ研究所)、『らくらく入門塾 心理学講義』(渋谷昌三／ナツメ社)、『本音は顔に書いてある』(アラン・ピーズ、バーバラ・ピーズ／藤井留美訳／主婦の友社)、『ＴＨＥ21　2004.12 2006.03.07 2008.01 2013.01 2016.08』(ＰＨＰ研究所)、『日経 Associé　2005.9.20.12.20 2007.11.6 2008.1.1 2010.4.6 2013.10』(日経ＢＰ社)、『プレジデント　2005.5.30 2007.10.29 2008.7.14 2010.5.31

2024.5.3』(プレジデント社)、『DIME 2008.03.18』(小学館)、『週刊ダイヤモンド 2008.6.7』(ダイヤモンド社)、『週刊スパ　2012.12.25』(扶桑社)、『pHpくらしラク～る♪　2015.2』(PHP研究所)、日本経済新聞、朝日新聞、読売新聞、夕刊フジ、日刊ゲンダイ、ほか

〈ホームページ〉

公益社団法人 日本バリュー・エンジニアリング協会、IT media、日経 Biz アカデミー、GLOBIS.JP、帝国データバンクHP、マイナビニュース、日経ビジネス、PRESIDENT Online、ダイヤモンドオンライン、ほか

※本書は、『できる大人の問題解決の道具箱』(2018/小社刊)『図解 思考の幅が広がる!深まる!　モノの考え方』(2015/同)、『データの裏が見えてくる「分析力」超入門』(2013/同)、『この一冊で「実行力」と「勉強力」が面白いほど身につく!』(2008/同)をもとに、改題・加筆・修正の上、再編集したものです。

青春文庫

# 問題解決力《もんだいかいけつりょく》のある人《ひと》が、あきらめる前《まえ》にやっていること。

2024年7月20日　第1刷

編　者　ビジネスフレームワーク研究所《けんきゅうじょ》

発行者　小澤源太郎

責任編集　株式会社プライム涌光

発行所　株式会社青春出版社

〒162-0056　東京都新宿区若松町12-1
電話 03-3203-2850（編集部）
03-3207-1916（営業部）
振替番号　00190-7-98602

印刷／中央精版印刷
製本／フォーネット社

ISBN 978-4-413-29856-8